*Вершитель Мудрости, благослови
Свет Разума, который Дух пробудит,
Вселенским ликом истинной Любви
Зажги его в душе —
и Бог в тебе пребудет!*

Александр Вольный
Наука Жизни

Портрет Александра Вольного
Валентина Плавун

Александр Вольный
НАУКА ЖИЗНИ

*Поэтические
афоризмы и трактаты*

Художественное издание

Александр Вольный

НАУКА ЖИЗНИ

Поэтические афоризмы и трактаты

Редактор и корректор Оксана Козаченко

Дизайнер Игорь Женченко

© Александр Вольный 2025

© Svarog Books 2025

www.svarog.nl

ISBN: 978-1-80484-206-5

Эта книга защищена авторским правом. Никакая часть этой публикации не может быть воспроизведена, сохранена в поисковой системе или передана в любой форме или любыми средствами без предварительного письменного разрешения издателя, а также не может распространяться в любой форме переплета или обложки, кроме той, в которой она опубликована, без наложения аналогичного условия, включая данное условие, на последующего покупателя.

*Вселенская душевная благодарность
моей маме — Тамаре Павловне Матвеевой
за лучезарный свет ее идей, разделение всех моих
мировоззренческих взглядов, титанический труд в создании
письменного и печатного варианта книги, многолетнюю
кропотливую помощь и поддержку, священную любовь,
неустанную заботу и веру в мое творчество.*

*Светлая память моему дорогому Ангелу-Хранителю,
бабушке — Вере Дмитриевне Матвеевой
за ее душевную доброту, ласку,
нежность и неустанную заботу.*

*Выражаю безмерную душевную благодарность
моим дорогим друзьям:
Ларисе Кадочниковой, Сергею Нечипоренко,
Владимиру Кисляку, Оксане Козаченко,
Николаю и Виктории Егоровым, Александру Никулину,
Василию Кушерцу, Сергею Загороднему, Игорю Шпаку,
Валерии Питениной, Валентину Багнюку, Владимиру Коляде,
Александру Гамалею, Владимиру Арутину,
Игорю Горяному, Владимиру Милькову, Степану Болотенюку,
Валентине Плавун, Рустему Жангоже,
Галине Лавриненко, Владимиру Жовниру, Алику Вагапову,
Александру Бокию, Сергею Авраменко, Владимиру Карбачу,
Светлане Спорыш, Валерии и Николаю Романченко,
Виктору и Елене Юрченко за благородство,
проявленное в настоящей искренней дружбе,
многолетнюю поддержку, веру в мое дело,
истинное понимание и неустанное содействие
в продвижении моего творчества в жизнь.*

ПРЕДИСЛОВИЕ

Представляя вниманию читателей подборку поэтических произведений Александра Вольного, позволю себе несколько предварительных замечаний общего характера, относящихся к его поэзии. Поэзия Александра Вольного — это мощный энергетический поток личности поэта, в котором слово-пазл складывается в целостную картину воспроизведенного поэтом окружающего его (и нас, читателей) мира. По своему накалу и стремлению к всеохватности поэзия А. Вольного имеет тоталитарный характер. Создаваемый им образный ряд может пленить или, напротив, оттолкнуть, но ни в коем случае не оставит читателя равнодушным, потому что сам поэт, словно древний сказитель, решительно выходит за пределы эмпирического ряда событий и фактов, выводя формулу неразрывного единения и равнозначности персональной судьбы человека с потоком трансцендентного и исторического времени.

В моем понимании, поэзия сродни ворожбе шамана — поток ритмизированных слов, не обязательно семантически артикулированных, направлен на создание атмосферы, в которой фактор и механизм воздействия поэтического сообщения становится неотъемлемой частью сознания и восприятия слушающего.

Благодаря погружению в морфологию и фонетику художественного слова поэт властно входит в сознание своих современников, ищущих новые ориентиры в динамически меняющемся этно-историческом и культурном пространстве мира — пространстве, в котором протоисторические пласты прошлого и реалии современного мира, с его прорывом в Трансцендентность Мегабытия, актуализируются, прирастая свойствами всеобщности, и устремляются навстречу друг другу. Эти встречные потоки создали совершенно иное, нежели в линейно описанных событиях, ощущение жизни. Погружая своего читателя в потоки надысторического времени, поэт создает эмоциональное и интеллектуальное поле. То самое поле, которое Гегель называл «реальностью более высокого порядка». Благодаря этому у читателя возникает ощущение своей сопричастности к метафизическому миру Бытия, как к своей органической среде, стремление к полноценной жизни в этом мире, к высшим ценностям духовности.

Какие бы темы не затрагивал в своей поэзии Александр Вольный, его стихи всегда несут в своем содержании несмываемую печать глубоко личного отношения. Это — и мощный пафос, и неожиданные образы, построенные на звуковых и социокультурных сопоставлениях и аллюзиях этнолингвистического и одновременно надысторического духовного пространства, в которых пульсирует энергия жизни.

Избранные поэтические тексты (катрены), Александра Вольного буквально вспарывают устоявшиеся стереотипы яркими и точными образами, раскрывая глубинную сущность исторического прошлого, в которых едкая, обезоруживающая ирония, направленная против всякой серости, замшелости сознания и самодовольства, не изведавшего подлинной свободы духа, органически сочетается с устремлением Слова поэта в универсальность Мегабытия, зовет читателя к нему.

В представленных вниманию читателя афоризмах поэт предлагает лексическую матрицу, основа которой кроется в глубинных тектонических пластах Истории человеческой цивилизации в ее ретро- и перспективном измерении. Отражая созидательную деятельность Человечества как прогрессивную формацию мироздания, поэт показывает духовное многообразие и подлинность мира людей в его полифоническом состоянии. Это свойство предает творчеству Александра Вольного статус философски-духовного провидения. Понимание этих поэтических посланий лежит через осознание миссии Человечества во Вселенной и места каждой личности как активного субъекта динамично развивающейся живой системы. Именно это стремление — правдиво и с предельной полнотой воспроизвести интуитивно угадываемую общую картину жизни, с объективной необходимостью «стучащего в дверь будущего», подвело Александра Вольного к поэтическому переосмыслению пути становления современности.

Рустем Жангожа,
Доктор философских наук, профессор,
Член союза писателей Украины,
Член Международного ПЕН-клуба

Поэзия является языком Божественного созидания Вселенной, полифоническими гаммами Слова выражающим гармонию миров.
Это лик Господнего вдохновения, произрастающий из глубины души блаженным озарением мысли.
Это та святая духовная свобода творчества, которую невозможно уничтожить никакими режимами, запретами и ограничениями, ибо в ней свет Истины, дыхание Жизни и стезя Вечности.

А. Вольный

Рафаэль Санти
«Афинская школа». 1511 г.

АКСИОМЫ БЫТИЯ

Александр Вольный
Наука Жизни

* * *

Никто Творенье не оспорит
Мировоззрением основ,
Хоть розу каждый скорбно вспомнит,
Увидев раны от шипов.

* * *

Являй величественным смыслом
Благословенные мечты,
Коль лучшее сегодня в жизни —
То, что желаешь сделать ты.

* * *

Где мирозданная обитель
Буяет алчностью идей,
Там неустанный накопитель
Живет рабом своих вещей.

***

Хитро задуманным порядком
Являя мысленный кульбит,
Все, что желаешь тайно спрятать,
Ты положи на самый вид.

***

Идя познанием тернистым,
Проникни в истинную суть,
Что самым длинным и ветвистым
Является духовный путь.

***

Души магическая внешность
Творит плеяды дел мирских:
Один замаливает грешность,
Второй — порочит жизнь святых.

***

Случается, одно и то же,
Имея разноликий вид,
Одним немедленно поможет,
Вторым — коварно навредит.

***

Ты убеждаешься спокойно,
Как истинно великим быть,
Ведь лучше умереть достойно,
Чем в рабстве неустанно жить.

***

Жизнь обстоятельства являет
У Мирозданья на виду,
Где одного — среда меняет,
Второй — изменит всю среду.

***

В логическом потенциале,
Познанья истинным лицом,
Тот ошибается вначале,
Кто не размыслит над концом.

***

Неблагонравственный исток
Творит свое противодействие,
Ведь чем изысканней порок,
Тем пагубней его последствие.

***

Когда неистово буяешь,
Все демонически губя,
Не так других уничтожаешь,
Как убиваешь сам себя.

* * *

Являй душою неподкупно
Высоконравственность любви,
Ведь все, что так легкодоступно, —
Пренебрегаемо людьми.

* * *

Благонамеренная сила
Должна тенденции менять,
И то, что до сих пор вредило,
Теперь нам будет помогать.

* * *

В дилемме жизненного круга,
Неблаговидностью своей,
Чем будем дальше друг от друга,
Тем станем чувственно родней.

***

Явив логический расклад,
Твердит премудрое понятие,
Что на любой словесный яд
Имеется противоядие.

***

Так в Мироздании ведется,
Творя духовные пути,
Одним пожертвовать придется,
Чтобы другое обрести.

***

Вновь дисбаланс здесь обнаружен,
Ведь ты на сущность посмотри:
Чем краше человек снаружи,
Тем он уродливей внутри.

***

Благословенным созиданьем
Преображенья своего
Один гордится состояньем,
Второй — отсутствием его.

***

Миротворение благое
Являет вещие пути,
Чтобы прозрение святое
Смогло искомое найти.

***

Есть люди, чей душевный лад,
Как дьявольский греховный край.
Для них и рай — кошмарный ад,
Но ад — отдохновенный рай.

* * *

Ничтожных зло обогатило
Неумолимостью идей,
Когда зерно в амбарах гнило,
А голод поедал людей.

* * *

Благословеньем на челе,
Деянья добрые творя,
Последний нищий на земле
Достойней падшего царя.

* * *

Логически произрастает
Определение одно:
Лишь то безмерно обольщает,
Что полностью запрещено.

* * *

Кругом — ведическое царство,
Где поучения гласят,
Что в малых дозах яд — лекарство,
В огромных же лекарство — яд.

* * *

Хоть каждый явно сумасбродит,
Мир ненавидя и любя,
Всегда важней не то, что входит,
А что исходит от тебя.

* * *

Душа коварность упразднила
В благонамеренный момент,
Когда физическая сила
Перерастала в интеллект.

***

Высоконравственное кредо
Вершит Вселенскою судьбой,
Где благородная победа —
Прозрение своей душой.

***

Своей душою неподкупно
На Мирозданье посмотри:
То, что снаружи неприступно, —
Уничтожимо изнутри.

***

Когда коварно проявляешь
Неистово душевный лад,
В аду блаженство обретаешь,
В Раю же — созерцаешь ад.

* * *

Душа бессмертье обретает
Благословением идей,
Когда миры преображает
Универсальностью своей.

* * *

Всесилием преображенья
Явив духовный оборот,
Психическое выраженье
В ментальном факторе грядет.

* * *

Мечта в реальность воплотилась,
Пройдя лихие рубежи.
Коль хочешь, чтоб желанье сбылось,
То втайне ты его держи.

***

Когда духовностью явился
И праведностью стал ведом,
Коль в чем одном ты поскупился —
Стократно заплатил в другом.

***

Многообразным созиданьем
Являя мирозданный смысл,
Все моделирует сознанье,
А после — воплощает Жизнь.

***

Растратил дорогое время,
От юношества до седин,
В желаньи страстном быть со всеми —
Знать, доживешь свой век один.

***

Коварной алчностью манеры,
Из вечных выводов мирских,
Все то, что накопил сверх меры, —
Ты уготовил для других.

***

Невежество глупцов позоря,
Благословением идей
Уничтожай систему горя,
Спасая праведных людей.

***

Вы изощряетесь, по праву,
В судьбою выстраданный час,
Сперва работая на славу,
Чтобы потом она — на вас.

***

Всегда, из выводов благих,
Миры контрастные любя,
Душой взирая на других,
Познать сумеешь ты себя.

***

Не всякий Истину оспорит,
Но в человеческой судьбе
Никто тебе жизнь не испортит,
Как ты, бесспорно, сам себе.

***

Своим неблагонравным ликом
И злодеянием подложным
Ничтожное грядет в великом,
Чтоб то казалось всем ничтожным.

* * *

Внемля обличию благому,
В высоконравственной судьбе,
Чем больше ты помог другому,
Тем будет радостней тебе.

* * *

Когда беда сполна повергнет
Несчастьями в лихой судьбе,
Тогда родной тебя отвергнет,
Чужой — благоволит к тебе.

* * *

Разнообразными делами
На судьбоносном рубеже
Ад с Раем сотворяем сами
В своей изменчивой душе.

* * *

Неоспоримо, популярней
Является вульгарный вид:
Чем будет человек бездарней,
Тем он сильней о славе мнит.

* * *

Метафизически умело
Миротворение познай
И перед тем, как сделать дело,
Его теорию создай.

* * *

В неистово греховной злобе,
Преобладанием лихим,
Любовь к изысканной особе
Рождает ненависть к другим.

***

Судьба намеренно жестоко
Творит неистовое зло:
Легко попасть в петлю порока,
Но вырваться — так тяжело.

***

Бывает, люди повсеместно,
Преображая свой удел,
Творят иллюзии словесно,
Но мало производят дел.

***

Среди грехотворящих «благ»,
В преображениях порочных,
Чем значимее зла рычаг,
Тем легче действием ворочать.

***

Являя светлую природу,
Духовно будет именит
Тот, кто, не сделав зла народу,
Других от злобы оградит.

***

Тернистый путь к вершинам истин
Являет духа восхожденье,
Но спуск — стремительно бессмыслен
В шальную бездну заблужденья.

***

Внемля величию благому,
Да будет человек прощен.
Не сотворивший зла другому
От воздаянья защищен.

* * *

Обожествленное мгновенье —
Благословением венца,
Когда Вселенское Творенье
Возносит светлого Творца.

* * *

Многоформатное участье
Являет нравственный исток:
С одним беседа — сладострастье,
С другим — губительный поток.

* * *

Коль возжелал Гордиев узел
Рубить Дамокловым мечом,
Знай: мир в грехотворящих узах
На сумасбродство обречен.
Ведь происходит так веками,
Что малодушный род людской
Сперва все делает руками,
А после — мыслит головой.

***

Все неустанно возрастают
Разнообразием в мирах:
Одни из праха созидают,
Другие — все стирают в прах.

***

Неблагонравственная нота
На грехотворном рубеже:
Чем больше горя у кого-то,
Тем радостней твоей душе.

***

Вселенная переживает
Неадекватный оборот:
Один нахальством проживает,
Другой — от скромности умрет.

***

Ты опрометчивей ребенка,
Ведь не нужна в земных краях
Волку — доверчивость ягненка,
Орлу — наивность воробья.

***

Многообразное участье
Духовно-жизненной среды
Одним всегда вручает счастье,
Другим — немерено беды.

***

Скупец манерой узнаваем,
Ему и мелочь дорога,
Ведь чем богаче сам хозяин,
Тем низменней его слуга.

* * *

Подобно жуткому фантому,
Неблагонравственно у всех,
От малого всегда к большому
Произрастает злобный грех.

* * *

Среди общения земного
Духовно бедным тот слывет,
Кто вместо благодати слова
Пускает силу в оборот.

* * *

Коль распыляется спесиво
Неосмотрительный субъект,
То многовекторные силы
Рождают нулевой эффект.

* * *

В интерпретации развитий
Жизнь неустанно сумасбродит
Структуризацией событий,
Где все стихийно происходит.

* * *

Один, усердиями мысли,
Достигнет блага своего,
Второй, плывя теченьем жизни,
Становится ничтожеством.

* * *

Одни, постичь Природу чая,
Преображают Естество,
Другим — достаточно начала
Для освоения всего.

***

Миротворенье показало
Логический потенциал,
Когда Вселенское Начало
Инициирует Финал.

***

Все изощряются спесиво
В преображении грехов,
Являя яростною силой
Потоки искрометных слов.

***

Миротворенье не оспоришь
Ортодоксальностью, но лишь,
Чем глубже в Прошлое посмотришь,
Тем явней будущее зришь.

* * *

Познает жизненный закон
Тот, кто стезей благоволящей
Все созидает в настоящем
Во славу будущих времен.

* * *

Твердит Вселенская наука,
Являя нравственную грань:
Горенье — тягостная мука,
Но свет его — блаженства дань.

***

Вняв злодеянию лихому,
В неблагонравственной судьбе,
Чем больше насолишь другому,
Тем будет сладостней тебе.

***

Сознание обогащает
Психологический подход:
Одних новь тайною прельщает,
Других — совсем наоборот.

* * *

Природа все преображает
И напластовывает в дерн.
Цветенье быстро опадает,
И роза превратится в терн.

* * *

Искоренением вопроса
Мудрейшие всегда правы
В том, что, не видя дальше носа,
Не прыгнешь выше головы.

* * *

Всесилием потенциала
Ты должен истину извлечь,
Что в пережарке проку мало,
Но властны сырость мы допечь.

* * *

Обманом действия лихого
Погрязший в пагубных делах,
Как можешь укорять другого,
Когда ты сам увяз в грехах?

* * *

Внемля содействию благому,
Творящему земной контраст,
Немой укажет путь слепому
И бедный нищему подаст.

Иоганн Карл Лот
«Юпитер и Меркурий у Филемона и Бавкиды». 1659 г.

МЕТАМОРФОЗЫ

Александр Вольный
Наука Жизни

***

Железо вечно обрекают
На двойственность мирских услуг:
Мечом в сраженьях убивают,
Но в поле заправляет плуг.

Духовно нет соображенья
Перечеркнуть стезю вреда,
Чтоб вместо средств уничтоженья
Творить орудия труда.

Всем не хватает арсенала,
И опрометчивый народ
Не из мечей кует орала,
А, на беду, — наоборот.

* * *

Алмаз веками всевозможно
Творит греховные азы,
Ведь человечество ничтожно
Пред блеском каменной слезы.

* * *

Везде познание бытует,
Но истина миров стара,
Глася, что пушку не волнует
Взрывное действие ядра.

***

Ум перед красотой немеет,
Змею не растлевает яд,
И каждый нравственно болеет
Величьем собственного «Я».

***

Законом жизненным вчерашним
Гласит пугливая молва,
Что зверь любой бывает страшным
Под покровительством у льва.

***

Блюдя житейские законы,
Любому бытность дорога,
Хоть суслику для обороны
Оленьи не идут рога.

* * *

Хоть смелость трусости не пара,
Но величавостью своей,
Примерив шкуру ягуара,
Гиена кажется сильней.

* * *

Преображением живучим,
Дающим властные права,
Шакал становится могучим
Над телом умершего льва.

Доменико Удине Нани
«Смерть Архимеда». 1815 г.

О ДОБРЕ И ЗЛЕ

Александр Вольный
Наука Жизни

***

От грехотворного нутра,
Стезей порочного узла,
Когда Зло в облике Добра —
Добро живет под видом зла.

***

Вторя коварную тираду
Грехотворящего нутра,
Ложь одевается во Правду,
Чтоб Зло пришло в лице Добра.

***

Хоть меценатство слишком пестро
Творит плеяды дел благих,
Из добрых рук сухарик черствый
Милей, чем каравай от злых.

***

В миротворящей круговерти
Являя жизненный размах,
Добро возносится в Бессмертье,
А зло — ничтожится во прах.

***

Преобразуя допущенья,
Которые душа внесла,
Неутомимость наслажденья
Является стезею зла.

***

Являя грешное нутро
Стезей порочного узла,
Вы делаете мне добро
Тем, что не делаете зла.

* * *

Сей мир — логическою пробой
Универсальности своей
Глупцов напитывает злобой,
А мудрых — делает добрей.

* * *

Все Мироздание подложно
Являет жизненную суть,
Где свод благих поступков можно
Одним проступком зачеркнуть
И Правду властно уличить
В том, что она промозгла ложью!
Добро от зла не отличить
Среди греховного подножья.
Допустим, ты врага убил
В открытом ратоборском споре.
Одним добро ты сотворил,
Другим — немыслимое горе.
Поджог негодник совершил,
Крыльцо пожарищем пылало,
Ты прибежал и потушил —
Без зла добра бы не бывало!

* * *

Неумолимо жуткой новью
Разбесновавшейся среды
Вскипает яростною кровью
Коварность жизненной беды.
Ведь демонически пристрастно
Буяет низменность людей,
Когда неистовость всевластно
Представит пагубность идей.

Роберт Лейнвебер
«Искушение Христа». 1890 г.

МИРОЗДАННАЯ БЫЛЬ

Александр Вольный
Наука Жизни

Так фатально
            случилось в священных местах,
Что веленьем Вселенского рока,
Явно после того, как распяли Христа,
Обойдясь с ним чрезмерно жестоко,
В судьбоносного века шальную пору
            с бездуховным удушьем
Повстречались однажды Добру
            Зло вдвоем с Равнодушьем.
Зло, являя к Добру неприязнь,
Ярым взглядом его обвело
И, коварно сплетая ехидный сарказм,
Первым едкое слово взяло:
«Что, Добро,
            ты взираешь отверженно так,
Будто бы обокрадено вором,
Или проклял тебя
            обреченно бедняк,
Умирающий под забором?
Все твердишь
            про величие красоты,
Гармоничности не нарушив,
Пробуждая наивно благие мечты
В демонически яростных душах?
А на исповедь если идти в синагогу,
Так скажи, разве это невинно,
Если все, что звучит обращением к Богу,
Оседает в уме у раввина?
Возьмем святейших!

Сущностью своей
Греховности тщеславной не нарушив,
Всегда в приходах ряженых церквей
Являют благонравственные души!
И войны ярость не остудят,
Ведь победителей не судят!
Когда возносишь дерзкий ум,
Сквозь патоку елейной фальши
Уверенно шагаешь дальше,
Чеканя шаг
            в ритмичном марше
Под ликование трибун.
Живя надеждою одной,
Меня обходишь стороной,
Ведь
      каждому — своя дорога,
Где так пересечений много
В контрастах мирового круга.
Но я сегодня о другом:
К примеру,
          впустишь в душу друга —
А он окажется врагом!
Кто сумасбродным кривотолком
Являет яростный оскал,
Тот изощряется жестоко,
Во мне найдя
          свой идеал.
А об коварные ошибки
Беспечно расшибают лбы

Те, кто не хитроумно шибки
На ухищрения судьбы.
Любовь —
            Вселенское творенье
Высоконравственной мечты,
Преображеньем красоты —
Божественное вдохновенье.
Теперь уж поняло,
                кто ты?
Недальновидность доброты
С остатками от подаяний
В дырявой торбе бедняка,
Ведь ты сейчас наверняка
Достойно падших состояний!
Уверенно скажу пока
Всесильем миропониманий:
Доколе будет жить Земля,
До тех пор буду править я!»

Немногословное Добро
Без явного энтузиазма
Печальным взглядом обвело
Повествователя сарказма
И, оглядев пустынный свет,
Уныло молвило в ответ:
«Где ты вершишь —
              там правды нет
И вечно торжествует горе.
Поведай лучше,
           сколько лет

Мы пребываем в жуткой ссоре!
Ты все неистово клянешь,
Приемля ненависть бесчестно,
Возвысив низменную ложь,
Являя беды повсеместно.
Изысканный подлог смертей
Ты сотворяешь силой мысли,
Повергнув яростью своей
Величие счастливой жизни.
Отождествляя одиозность
Преображающих времен,
Боготворишь победоносность
Неблагонравственных имен.
Внемля Божественному дару,
Я искалеченность лечу,
Ведь щит
        противится мечу —
Его разящему удару!
Ты, как кощунственный палач,
Уничтожающий Созданье,
Которому милее плач
И полоумное сознанье.
Благословением надежд
Я возрождаю
        жизнь из праха,
А ты коварностью невежд
Не видишь собственного краха.
Ты демонически яришь
Негодованьем сумасброда,

Но никогда не отдалишь
Фатальность
          вещего исхода.
Неугомонностью порока
Ты правишь сущностью жестоко,
Но величавостью идей
Я живо в чувствах у людей.
Настанет справедливый час,
Дающий мудрое послушье…»

Но здесь вмешалось
          Равнодушье:
«Я рассужу по праву вас.
Какой резон нелепо вздорить,
Доказывать, тщеславно спорить
О том,
     кто в Сущности главней
Несокрушимостью своей?
Противоборства вечный бой
Явлен Божественной Судьбой.
Творите вы духовный смысл
Логическим потенциалом,
Ведь оба — нравственным началом
Дилеммы под названьем «Жизнь»!
Гармония миров —
          в контрастах,
Поэтому сейчас напрасно
Вы изощряли разум свой.
Погорячились, и остыньте!» —
Сказало и, махнув рукой,

Пошло неспешно по пустыне,
Сникая в дали голубой…
А Зло с Добром еще стояли,
Дивясь реальности чудной,
Вняв догматической морали
Универсальности земной,
Хитропремудрой укоризной
Друг друга жаждя сокрушить…

АНТАГОНИЗМЫ
          ГРЕШНОЙ ЖИЗНИ —
В ГАРМОНИИ
          СВЯТОЙ ДУШИ.

Никола Пуссен
«Суд Соломона». 1649 г.

О ПРАВДЕ И ЛЖИ

Александр Вольный
Наука Жизни

* * *

Преображением тирады
Неблагонравственной межи
Ложь надевает маску Правды,
Чтоб Правду обвинить во лжи.

* * *

Многообразьем комбинаций
Энергоформы Естества —
Универсальность трансформаций
Изменчивого существа.

Грехи, преобладая в силе,
Себя укореняют в том,
Что, коль в одном им преградили, —
Они являются в другом.
Порочной жизненной утробе
Меняя мира рубежи,
Бог перекрыл дорогу к злобе,
Но та произросла во лжи.

***

Тщеславной «праведною новью»
Благоговение явив,
Лжецы твердят с «большой любовью»
О святости духовных нив.
Внемля греховному подлогу,
Изобличаются вполне,
Служа на проповедях Богу,
А подчиняясь — сатане.

Эдвин Лонгсден Лонг
«Вавилонский рынок невест». 1885 г.

О СЧАСТЬЕ И ГОРЕ

Александр Вольный
Наука Жизни

***

Разнообразием участья
В духовно-жизненной среде,
Чем радостнее было счастье,
Тем горестнее быть беде.

***

Есть разногласия большие,
Ведь счастлив, в сущности, всегда,
Один — коль счастливы другие,
Второй — когда у всех беда.

***

Непримиримое участье
Бытует в мирозданном споре,
Когда за миг святого счастья
Расплачиваемся веком горя.

* * *

Занятие царей лихое:
Насытившись грехами всласть,
Они, ругаясь меж собою,
Воюют за земную власть.
Всегда сражаются без толку
За мировой великий трон
И осчастливливают только
Желудки падальных ворон.
Из-за такого псевдосчастья
Немало горя на земле,
Ведь нерадивостью участья
Цари присутствуют в игре.
Они духовное ничтожат,
Являя низменную страсть,
Не зная никогда, что тоже
Над ними существует власть.

* * *

Беды коварное ненастье
Преображает даже зло.
Ушло от человека счастье —
Да тут несчастье помогло.
Теряя жизненную силу,
Отчаяньем душевных мук
Копал бедняк себе могилу
И вырыл золота сундук.

* * *

Всесильем истинного слога
Творя Вселенский идеал,
Ты счастлив, если мысли Бога
Благословенно оправдал.

***

Привычно в мирозданном споре
Альтернативное участье,
Когда в одну минуту горя
Осознаем всесилье счастья.

***

Явив идеи безупречность,
Познай из выводов мирских,
Что в горе и мгновенье — вечность,
А в счастье — Вечность, словно миг.

Жоао Зеферино да Коста
«Лепта вдовы». 1876 г.

БОГАТСТВО И БЕДНОСТЬ

Александр Вольный
Наука Жизни

* * *

Всесилием потенциала
Является житейский лад,
Где одному богатства мало,
Другой — копейке медной рад.
Но в Мироздании ведется
Альтернативностью своей,
Чем тяжелей хлеб достается,
Тем он дороже и вкусней!

* * *

Миры контрасты проявляют,
Когда стезями суеты
Одни от сытости буяют,
Другие же — от нищеты.
В дилемме жизненного круга
Судьбой проведена черта:
Богач не ищет в бедном друга,
Голодный — сытым не чета.

***

Судьбой преображенны нравы
В морально-жизненный разлад,
Чтобы богач всегда был правым,
А бедный — вечно виноват.

***

Отвергнув стремления низшие
С тирадами лживых речей,
Знай, что копейка,
              поданная нищему,
Весомей всех твоих пиров для богачей.

***

Кто сущность созидания познал,
Тот в Мирозданьи жить не смог иначе:
Чем больше отобрал —
              тем ты беднее сердцем стал,
Чем больше ты отдал —
              тем стал душой богаче.

* * *

Непререкаемостью смысла
Творится жизненный контраст,
Где мудрый счастлив светом мысли,
Глупец — грустит среди богатств.

* * *

Богатый ревностно не знает,
Чего ему приобрести
Там, где несчастный размышляет,
Как плоть от голода спасти.

* * *

Все одинаково скупые
В своих безнравственных делах:
На крик о помощи — глухие,
Услышав шепот о деньгах.

* * *

Сей мир не может жить иначе
Универсальностью своей:
Богач становится богаче,
Бедняк становится бедней.

Жак-Луи Давид
«Смерть Сократа». 1787 г.

О МУДРОСТИ И ГЛУПОСТИ

Александр Вольный
Наука Жизни

* * *

Высоконравственным устоем
Явив духовности лицо,
Последним мудрым жить достойней,
Чем первым быть среди глупцов.

* * *

Святая Истина живуча
Неоспоримостью в веках:
Что для глупца в миру могуче,
Для мудреца — ничтожный прах.

* * *

Своим животворящим слогом
Высоконравственной любви
Твоя заслуга перед Богом —
В том, что отвержен ты людьми.

***

Вселенная преображает
Миры в логическом звене:
Что мудреца так унижает,
Глупца возвысит то вполне.

***

Мудрец достойно созидает
Величие духовной жизни,
Тиран безумием буяет,
Излившись пагубностью мысли.

***

Вторя кощунственному ладу,
Вершится подлый оборот,
Где мудрого казнят за правду,
А глупый — царствует и лжет.

* * *

Бывает, что в лихом кураже
Глядя на мирозданный цикл,
Один глупец суть жизни скажет
Так, как не смогут мудрецы.

* * *

Здесь разграничить четко надо
Универсальный склад умов,
Ведь каждому святая правда
Преображает свод основ.
Любой по-своему увидит
Того, кто Истину твердит.
Глупец его возненавидит,
А мудрый — поблагодарит.

* * *

Преобладая в Мирозданьи
Разнообразною чертой,
Глупец нищает злодеяньем,
Мудрец — взрастает добротой.

* * *

Мудрец бессмертье обретает,
Явив святое созиданье,
Тиран себя уничтожает,
Порабощая Мирозданье.

* * *

Идя познаньем бесконечным,
В контрастном Мирозданьи смутном,
Мудрец творит исконно вечным,
Глупец — живет сиюминутным.

* * *

Мудрец с улыбкой принимает
Финал житейской круговерти,
Глупец безумием буяет,
Почуяв приближенье смерти.

* * *

В космическую круговерть
Является Вселенским смыслом:
Для глупого — лихая смерть,
Для мудрого — бессмертье жизни.

* * *

Народы пагубно являют
Коварно лицемерный лад:
Где глупого все прославляют —
Там вечно мудрого хулят.

***

Миротворящая молва
Благоговенье обретает,
Когда обидчику слова
Вселенской правдой возвращает.

***

Жизнедейственной Правды святая рука
Водит мир от второго лица,
Когда мудрец в личине дурака
Управляет дураком в обличьи мудреца.

***

Мудрец другого понимает
Вне партий, этносов, религий,
Глупец конфликты разжигает,
Плетя коварные интриги.

***

Мудрейший на чужих ошибках
Научится своим умом,
А вот глупец не слишком шибко
Творит логическим трудом.
Безумному всегда неймется
Себя на каверзы обречь,
И только он успел обжечься,
Как снова тянет руку в печь.

***

Целенаправленным стремленьем,
В свободомыслящих веках,
Мудрец живет благим смиреньем,
Глупец проводит жизнь в бунтах.

* * *

Мораль, забытая отчасти,
Откроет Истине лицо
В том, что глупец, стоя у власти,
Ничтожит сотни мудрецов.

Неумолимость иерархий
Являет грехотворный сказ,
Когда безумие монархий
Запрашивает злую казнь.

Жан-Батист Огюст Лелуар
«Гомер». 1862 г.

О ЮНОСТИ И СТАРОСТИ

Александр Вольный
Наука Жизни

НАУКА ЖИЗНИ

С неугасимой жаждою борьбы
Вдаль по дорогам Жизни
                      Юность лихо мчалась,
Когда на перепутье мировой судьбы
Ей ненароком Старость повстречалась.
Угрюмый, дряхлый сгорбленный старик
Бессилием увянувшей природы
Являл собой изнеможденный лик,
Отождествлявший тягостные годы...
«Куда спешишь, отчаянный гонец?» —
Спросил он с проявлением участья.
«Лечу скорей, почтеннейший отец,
Искать любви, признания и счастья!»
«А есть ли счастье на земле, сынок?» —
Спросил старик, прищурившись лукаво.
«Конечно есть, но путь к нему далек
И пролежит он только через славу!»
«А существует ли твоя любовь?» —
Спросил старик, погладивши морщины.
«Наверно, если закипает кровь,
Когда увидит женщину мужчина!»
«Лети вперед,
              да осторожней будь!
Коль не отыщешь счастья ты на свете,
Безмерно трудным будет твой обратный путь
И тягостной преградой станет
                      встречный ветер!»

Лишь усмехнулся дерзостный гонец
И вдаль помчался, заклубившись пылью,
И долго молча вслед ему смотрел старец —
В неласковую быль, что поросла полынью.
Промолвив убедительный глагол,
Он, поправляя на плече заплату,
Потупившись, угрюмо вдаль пошел
Навстречу догоревшему закату...
...Прошло тем временем немало долгих лет,
И вот уже в пыли извилистой дороги
Со стороны восхода брел иссохший силуэт,
Насилу волочивший немощные ноги.
Напоминал он дряхлого старца,
Зияли горем глаз его провалы,
И сквозь морщины огрубевшего лица
Не выдавались Юности запалы.
Ступая медленно, теперь в другой конец,
Глядел без выражения участья,
Как новоявленный отчаянный гонец
Летел в огромный мир
                    на поиск Счастья.

***

Тот в упоительную радость
Увидит Истины лицо,
Кто юность проживет, как старость,
Чтоб в старости побыть юнцом.

***

Величьем мыслей вольнодумных
Увидишь светлое лицо
Почтенных старцев с нравом юных
И юных с разумом старцев.

* * *

Жизнь пролетает скоротечно
Растратой благодатных сил.
Быть молодым
          не сможешь вечно,
Как бы у Бога ни просил.
Пока ты устремленьем сильный,
Будь непреклонным потому,
Что лишь сгустится
          мрак могильный —
Не станешь нужным никому.
Своей дряхлеющей структурой
Тебе не искушать сердца,
Когда почувствуешь натурой
Приход фатального конца.
Интерпретациями смысла
Перерождается любовь
В сияние вселенских мыслей,
Теплящих старческую кровь.

Данте Габриэль Россетти
«Видение Данте во время смерти Беатриче». 1871 г.

О ЖИЗНИ И СМЕРТИ

Александр Вольный
Наука Жизни

* * *

В миротворящей круговерти
Преобразив Вселенский смысл,
Духовно размышляй о смерти,
Дабы твоя продлилась жизнь.

* * *

Духовное преображенье
Творит мирскую круговерть,
Где смерть — небесное рожденье,
Рождение земное — смерть.

* * *

Среди Вселенской круговерти,
Великим мирозданным смыслом,
Один живет во злобу смерти,
Второй — умрет во благо жизни.

* * *

Являя жизненные грезы,
Осознаешь безмерно рьяно:
Рождаться никогда не поздно,
Но умирать всегда так рано.

* * *

Внемли благодати Вселенского слога
Прозреньем ясным ума своего:
Исток Вечной Жизни — дыхание Бога,
Прелюдия смерти — уход от него.

* * *

Смерть — энтропия Мирозданья
И дегенерационный цикл
Преображенья созиданья
Универсальной матрицы.

* * *

Все в мирозданной круговерти
Законом Истины живут:
О том, что будет после смерти,
Фактически не узнают.
Ушедшие невозвращенцы
Покоятся в сырой земле:
Цари, рабы и отщепенцы,
Прожившие в коварном зле.
Столетьями умы пытались
Проникнуть в тайны Бытия,
Но безвозвратно оказались
За жуткой гранью забытья.
Среди житейской круговерти
Вовеки не найти ответ,
Так что не стоит мир, поверьте,
Делить на «тот» и «этот» свет.
Универсальная астральность
Тебе неведома сполна,
Ведь виртуальная реальность
Загадками окружена.
Отвергнув правды неуместность,
Ты должен четко уяснить,
Что, постигая неизвестность,
Есть шанс известное забыть!

* * *

Всесильем истинного Слова
Глаголит мирозданный смысл:
Смерть — переход, за нею снова
Грядет Божественная Жизнь.

Чарльз Лапланте
«Аристотель учит Александра Великого». 1866 г.

О ДРУЖБЕ

Александр Вольный
Наука Жизни

* * *

В дилемме жизненного круга,
Которой разум твой ведом,
Врага нет лучше — в прошлом — друга
И друга — бывшего врагом.

* * *

Среди грехотворящих «благ»
И жизнедейственных услуг
Есть самый злой, коварный враг —
Твой подлый и продажный друг!

* * *

Явив Божественному ладу
Проникновенное лицо,
Люби своих врагов за правду
И презирай друзей-лжецов.

***

Разнообразием участья
Бытует нравственность всегда:
Друзей рассоривает счастье,
Врагов — объединит беда.

***

Проникновенностью своей,
Среди безнравственных основ
Как тяжело найти друзей
И так легко нажить врагов.

***

В контрастном животворном круге,
Определением в мирах,
Желая разузнать о друге —
Разведай о его врагах.

***

Глупец бессмысленно теряет
Опору друга в злобе дней,
Мудрец умело обращает
Врагов в приближенных друзей.

***

Где мудрость — разума подруга,
Любому совесть дорога,
Когда друг в образе врага
Сразит врага в личине друга.

***

Миротворением незлобным
Являя жизненную суть,
К друзьям стань любящим и добрым,
К врагам же — милосердным будь.

* * *

Не стоит беспричинно спорить
О том, как в Мирозданьи жить,
Ведь так легко друзей рассорить
И очень трудно помирить.

* * *

Хоть благородство нам не чуждо,
Но, доминируя в судьбе,
Корысть как подоплека дружбы
Всегда присутствует в тебе.
Ты уясни систему жизни
Проникновенностью идей:
Чем будет дружба бескорыстней,
Тем долговечней и прочней.

Клавдий Лебедев
«К боярину с наветом». 1904 г.

ИЗОЩРЕННОСТЬ ВЫГОДЫ

Александр Вольный
Наука Жизни

***

Хитрец о благости хлопочет,
Корыстью промышляя, ведь
Он слишком вожделенно хочет
Двойную выгоду иметь.
Лжецы неугомонно жили
Бесчеловечностью лихой
И гения всегда хулили
Своей натурою шальной.
И вот когда тот в муках умер,
Они бессовестно живут
Тем, что, как сладкозвучный зуммер,
Усердно славят его труд.

***

Жизнь преднамеренно жестоко —
Для постиженья твоего —
Сперва вручает зло порока,
А после — средство от него.

* * *

Христос мессийностью Спасенья
Жизнь Мирозданию отдал,
Где многие на Воскресеньи
Себе скопили капитал.

* * *

Хитрец чрезмерно оголтело
Бахвалится на весь базар,
Как он сценически умело
Продал испорченный товар.

* * *

Являя хитрую опеку
Высоконравственных имен,
Один поможет на копейку,
А заберет — на миллион.

* * *

Путем коварного подлога
От демонического зла
Под видом идеалов Бога
Творятся грешные дела.

* * *

Преображаясь откровенно,
Является лукавый вид,
Когда священник вдохновенно
Народу истину твердит.
Он убедительно глаголит,
Как человечество спасли,
А сам неутомимо смотрит,
Что прихожане принесли.

***

Мудрец божественным прологом
Являет нравственность всегда,
Отождествив вселенским слогом
Духовность светлого труда.
Лжецы фатальностью событья
Творца убьют, чтобы засим
Потенциальное открытье
Отметить именем своим.
Реальность тайнами покрыта,
И гений от нее далек,
Уничтожаясь сферой быта,
Как жизнедейственный исток.
Глупцы шальною круговертью
Его совсем не признают,
Чтоб, насладившись
              жуткой смертью,
Переиначить светлый труд.
Они все алгоритмы знают,
Как гения со света сжить,
И доступ к миру прикрывают
Ничтожностью коварной лжи.

* * *

Духовные проникновенья
Высоконравственных идей
Приходят к точкам преткновенья
Грехопадения людей.
Хитрейшие все подытожат
Корыстолюбием лихим
И ясный интеллект сничтожат
Преображением шальным.
На непробившихся талантах,
Неосмотрительных умах
Произрастает лик гигантов,
Вершащих в пагубных мирах.

ВОЗДАЯНИЕ ЛЖИВОМУ

Ничтожны те люди, которые ложью, интригами и корыстью неустанно прорываются во власть, но еще ничтожнее те, которые, видя и осознавая все это, всячески пытаются превозносить их деяния.

Ты беснованиями страсти,
Усердием словесных сил
Коварность сумасбродной власти
Достоинствами наделил.

Преподнося лихой урок,
Лавируешь, как лжесвидетель,
Являя добродетелью порок,
Клеймя пороком добродетель.

Меняясь, как хамелеон,
Финал запутал от начала...
Оправдан деспот, обелен —
Ничтожность восторжествовала!

Возможно, благородностью своей
Правдивость изощрения разрушит,
Когда язык твой, словно страшный змей,
Тебя безмерной лживостью удушит.

Джейкоб де Бакер
«Алчность». 1570 г.

ЧЕРТОГ НИЗМЕННОСТИ

Александр Вольный
Наука Жизни

* * *

Корыстолюбием несложно
Ничтожные дела творить,
Где на чужих несчастьях можно
Благополучие явить.
Мирская грешная картина
Бытует алчностью окрест.
Как схоронить простолюдина?
Могилу вырыть, сделать крест?
Грядут душевные мученья
Для приближенных и родных,
А у могильщиков стремленья —
Побольше денег взять у них.
Ведь не волнуют их страданья!
Грехопадением своим
Все в сумасбродстве Мирозданья
Живут стяжательством лихим.

* * *

У честных — добрая среда
Величьем нравственной основы,
Среди ничтожества всегда
Стоят массивные засовы.

* * *

Всесильем действенного шага
Являя справедливый сан,
Ты делаешь нахальным благо
В ответ на каверзный обман.

* * *

Бытуют все законом волчьим,
Своим безнравственным умом,
Где от коварности порочной
Вам на добро ответят злом.

Фридрих Август Мориц Ретч
«Шахматисты». 1830 г.

СУЩНОСТЬ ПРОТИВОРЕЧИЙ

Александр Вольный
Наука Жизни

* * *

Любой плебей или кумир
В среде божественного смысла
Преображает этот мир
Потоками контрастных мыслей.
Универсальною мозаикой
Слагается судьба людей
Среди лачуг, роскошных замков,
Сомнений, поисков, идей.
Народы рушат, созидают,
Бесчинствуют, боготворят
И окончательно не знают,
Зачем плеяды дел творят.
Но коль все разложить по полкам,
Чтоб свет познанья не зачах,
То люди склонны к кривотолкам
В своих сценических речах.
Полифоническим сознаньем
Они в течение многих лет
Пытались сферы Мирозданья
Под свой подстроить интеллект.

Все планомерно искажая,
Бытует нравственность умов,
Позоря или возвышая
Интерпретациями слов.
Они реальность изменяют,
Столь изощренно говорят,
Что белое все очерняют,
А черное — вмиг обелят.
Любая сущность на планете
В многообразии своем
Являет жизнь в контрастном свете
Аналитическим умом.

* * *

Как обстоятельная фаза,
Премудрой переменой мест
Одна логическая фраза
Имеет двойственный контекст.
Грехотворящее нутро —
Определением шальное,
Когда притворное добро
Преображает зло лихое.

* * *

Всегда подложная заявка
Имеет деловой резон,
Чтобы внесенная поправка
Уничтожала весь закон.

* * *

Добро со злом гласят тирады,
От правды и коварной лжи,
Универсальностью плеяды
Преображая смерть и жизнь.

Проклятье и благословенье
Переполняют наш эфир,
Космическое вдохновенье
Неутомимо строит мир.

Гаэтано Гандольфи
«Диоген и Александр». 1782 г.

АЛЬТЕРНАТИВА МИРОПОНИМАНИЯ

Александр Вольный
Наука Жизни

* * *

Теперь намеренно осталось
Хвалить грехотворящий лад,
Хоть жизнь одним — сплошная радость,
Другим — невыносимый ад.
И в мирозданной круговерти,
Где созидание идет,
Бедняк желает скорой смерти,
Богатый же — наоборот.
Альтернативою участья
Благонамеренных порук
Порою смерть приходит счастьем
Финала бесконечных мук.

* * *

С духовностью извечно ссорясь,
Внемля греховному подлогу,
Как рано все теряют совесть
И поздно так приходят к Богу.

***

Людей ничтожных и великих,
Погрязших в пагубных мирах,
Запечатляют в разных ликах
При одинаковых делах.

***

Стараясь избежать погрешность
И осознание извлечь,
Сперва оценивают внешность,
А после — обсуждают речь.

***

До первозданного предела
Все осмысление грядет,
Ведь душу познают чрез тело,
Ну а затем — наоборот.

* * *

Везде царит разнообразность,
Но если совесть дорога,
То ублажающая праздность
Коварней злобного врага.

* * *

Народы олицетворяют
Вселенский жизненный удел,
Где души несомненно знают
О важном назначеньи тел.

* * *

Среди грехотворящей страсти
И сумасбродных панибратств
Один живет стремленьем к власти,
Другой — стяжательством богатств.
И с накоплением процессов,
Творящих злобные черты,
Жизнь в унизительных регрессах
Теряет лики доброты.

* * *

Один идеей созидает
В духовном мирозданном споре,
Второй — ничтожностью буяет,
Нажившись на безмерном горе.

* * *

Всегда непревзойденным смыслом
Неблагонравственной поры
Есть главная задача в жизни —
Успешно выйти из игры.

* * *

Внемля Божественной морали,
Судьбу благодарить пришлось
За то, что все, чего желали,
К большому счастью, не сбылось.

* * *

Разнообразием участья,
У Мирозданья на виду,
С тобою все разделят счастье,
Но единицы лишь — беду.

* * *

Всевышним созданные люди
Среди космической дали —
Соединенные сосуды
Неиссякаемой Земли.
Одни — богаты и коварны,
Другие — нищи и добры,
Непримиримы и полярны
Согласно правилам игры.
Многообразьем созиданья
Поделен жизненный процесс
На ложь и правду Мирозданья
Стезей божественных небес.

***

Все Мироздание сумасбродит,
Когда, из выводов людских,
Один всю жизнь в трудах проводит,
Другой — берет богатства вмиг.

***

Не уподобься сохлой ветке
На человеческом веку,
Ведь птицу приучают к клетке,
Как и собаку — к поводку.
Но каждый участью доволен,
Чтобы хозяину служить,
Предпочитая сытость — воле
На всю оставшуюся жизнь.

Хенрик Олрик
«Нагорная проповедь». 1852 г.

О ЦЕННОСТЯХ

Александр Вольный
Наука Жизни

* * *

Благословением правдивым
Деянья мудрые твори.
Желая сделать плод красивым,
Искусно корень удобри.

* * *

На нравственном потенциале
Мы убеждаемся вполне,
Что дух витает в идеале,
А жадность — грезит о цене.
Одни немыслимо правдивы
Проникновенностью своей,
Вторым — обилие наживы
Отождествляет культ вещей.
Но если к образам контрастным
Относятся с лихой душой,
Тогда и к безделушкам разным
Подходят с мерою одной.

***

В грехопаденческой отраве
Ложь с Правдою не различишь,
Когда алмаз в плохой оправе
И в золото одет голыш.

***

Пренебрежение заставит
Осмыслить жизненный уклад:
Чем больше благ судьба подарит,
Тем меньше ими дорожат.

***

Мы четко мнение изменим,
Когда духовное познаем,
Ведь, что имеем — то не ценим,
Осознаем — когда теряем.

* * *

Сокровища великих царств
Бессмысленней духовной пищи,
Ведь и цари среди богатств
Сознанием бывают нищи.
Они берут бразды правленья,
Преобразовывая новь
Неукротимостью стремленья
Пить человеческую кровь.
Всевластному всегда неймется
Побольше денег накопить,
Но даже за сундук червонцев
Талант немыслимо купить.

НАГОРНАЯ ПРОПОВЕДЬ

Кругом бесчисленное племя
Людей неистово лихих.
Придет Божественное время,
И по плодам узнают их.

Земных богатств не собирайте,
Они — неоспоримый прах,
Благословенно обретайте
Сокровища на небесах.

Житейские пути коротки,
Но основательно добры.
Как голуби, вы станьте кротки,
Как змеи, будьте вы мудры.

Быть сдержанными научитесь,
Миротворением основ
К друзьям радушно относитесь,
Любите и своих врагов.

Проникновенными умами
Стремясь в грядущее смотреть,
Входите тесными вратами,
Широкие ведут во смерть.

Благословенною манерой,
Согласно праведным делам,
Какою меряете мерой —
Такой же и отмерят вам.

Карл Теодор фон Пилоти
«Убийство Цезаря». 1865 г.

ЛИГА КОРЫСТИ

Александр Вольный
Наука Жизни

* * *

Ты размышляешь беспристрастно,
Но действовать не торопись,
Ведь в людях кроется всевластно
Неугомонная корысть.
«Друг» снисходительно поможет,
Но лишь расплаты час придет —
Он скрупулезно все умножит
И десять шкур с тебя сдерет!
Он так придумает, конечно,
Коварной алчностью влеком,
Чтоб ты влачился безутешно
Его вассальным должником.

* * *

Все люди низменно прислужны,
Обожествляющие лесть,
Ведь если им чего-то нужно —
Они готовы в душу влезть.
Бытуя изощренным ладом,
Эгоистичностью вершат,
А коль тебе подмога надо —
Они на помощь не спешат.
Взрастает жизнь порочной вязью,
Преображая так следы,
Чтоб ты, облив соседа грязью,
Сухим явился из воды!

* * *

Цари приходят и уходят,
Но вечно остаются те,
Кто лицемерием восходит,
Предавшись мнимой доброте.
Льстецы, изысканностью слога,
Всегда елейный носят грим,
Служа у черта и у Бога,
Иль одновременно двоим.
И, перевоплощаясь быстро,
Льстец лизоблюдничать спешит,
От сладословья — к подхалимству
Излившись хитростью души.
Здесь изворотливость уместна,
Ведь под тяжелою рукой
У дуба ветка быстро треснет,
А ива — выгнется дугой.
Все нерадиво обитают
В преображениях идей,
Как пчелы, что совсем не знают
О высшем разуме людей.
Владык, по праву, скоротечно
Бегут правления года,
А все льстецы бытуют вечно
Стезей словесного вреда.
Пусть лесть течет из уст народа,
Благообразностью нежна,
Вкуснее липового меда,
Хмельней душистого вина.

* * *

Блюдя греховные законы
Среди порочной суеты,
Чем явишь низменней поклоны,
Тем величавей станешь ты.

* * *

Великосветские мужи
Вторят тщеславному устою,
И гений в кулуарах лжи
У них влачится под пятою.
Так слава ясная порой
Посредственности достается
«Благословенностью святой»,
В которой Вечность изольется.
Извечно «светочи науки»
Деянья подлые творят,
На чьем-то деле грея руки,
Все переделав на свой лад.
Ведь гении — столпы сознанья,
Что генерацией своей
Преображают Мирозданье
В плеядах благодатных дней.

Василий Поленов
«Христос и грешница». 1888 г.

МАСКАРАД ЛИЦЕМЕРИЯ

Александр Вольный
Наука Жизни

* * *

Бытуют ханжеством по праву
Ортодоксальные умы,
Ведь в самых
          просвещенных нравах
Буяют кулуары тьмы.
Лжецов всегда холено тело
И речи сладости полны,
Но души грешны до предела
И мысли смутные черны.
Своей красноречивой вязью
Осыпят благодатью слов,
А за глаза — смешают с грязью
Недальновидных простаков.

* * *

Все пагубностью промышляют,
Ведь жизнь — кругом на воре вор,
И каждый рьяно обещает
Величие алмазных гор.
От честного — лихая убыль,
Ведь совестью не проживешь.
Коль дело сделаешь на рубль —
Тебе заплатят медный грош.

* * *

Один благословенным смыслом
Творит добро для всех людей,
Другой — дерзает из корысти,
Прикрывшись маскою идей.

ЛЬСТЕЦ

Его слова красноречивым шквалом
Усладно разливаются елеем фраз,
Но долго ли продлится лестный сказ?
Наступит лишь неблаговидный час,
Несущий роковые перемены,
И вы увидите обличие измены:
Он, подлостью души покинув вас,
Другому лебезит с большим запалом,
Как певчий кенар со змеиным жалом.

ЛЖЕЦ

Он прожил низменную жизнь,
Была в нем демоническая сила,
Преображая хитроумный смысл,
Судьба ему удачу приносила.
В изысканности правящей среды
Он принимал решения беспечно
И, заметая грешные следы,
Торжествовал коварной ложью вечно.
Но только смерть его настигла тут,
И он, расставшись с жадною утробой,
Предстал лихой душой на Высший Суд
С порочною обманчивою злобой.
Спасая свой безнравственный удел,
Натурою неистовою клялся!
Он страстно оправдать себя хотел
И Господу уже солгать пытался,
                Да просчитался!

ПРЕДАТЕЛЬСТВО

Предательство — неимоверный грех,
Который действует бесчеловечно,
Являя демонический успех
Немыслимою подлостью извечно.

Когда нагрянет жуткая беда,
Несущая кощунственность измены,
Проявится неистовость вреда,
Волнующая кровь в кипящих венах.

«Друг» яростью коварной опьянен,
Но ты об этом не подозреваешь.
Тебя преступно уничтожит он
Лихой душой, что преданной считаешь.

* * *

В греховной низменности те,
Кто, злобно опорочив долю,
Погрязли в скверной темноте,
Упились сумасбродством вволю
И не предались доброте.

* * *

Твое стремленье правомерно —
Свернуть с порочного пути,
Хоть Мирозданье лицемерно,
Как пониманьем ни крути.
Допустим, ты в державной сфере
Имеешь всемогущий вес,
За что тебя в достойной мере
Льстецы возносят до небес.
Животрепещущим елеем
Неподражаемых речей
Твердят наперебой, скорее,
О добродетели твоей.
Они лавируют искусно
Мировоззрением своим,
Но их неискренние чувства
Грядут деянием лихим.
Когда к тебе веленьем рока
Нагрянет жуткая пора,
То отвернутся все жестоко,
Кто подхалимничал вчера.
Наступят злые перемены,
Стирая лестные черты,
Где изощренностью измены
Увидишь негодяйство ты.

Все, кто в тебе души не чаял,
Желая благ и долгих лет,
Пройдут, тебя не замечая,
Злорадно ухмыльнувшись вслед.
Тогда коварною судьбою
Познаешь горестный удел
И уподобишься изгою
Средь тех, кто сладострастно пел.
Но если благодать Фортуны
Тебе вернет былую власть,
То заликуют все трибуны
И будут вновь поклоны класть.
Везде присутствует логичность
Среди житейской новизны,
Где обусловливают личность
Чины или размер мошны!

Франс фон Мач
«Триумф Ахиллеса». 1892 г.

ЖАЖДА ПЕРВЕНСТВА

Александр Вольный
Наука Жизни

* * *

Не слишком часто битвой ратной
Вершится судьбоносный лад.
Где храбрый точит меч булатный —
Там хитрый применяет яд.

* * *

Все ухищряются спесиво
В определении лихом:
Тираны побеждают силой,
А дальновидные — умом.

* * *

Нахальный рвется поскорее
Величье мира обживать.
Чем будет человек наглее,
Тем явней хочет управлять.

* * *

Непререкаемым устоем
Является тщеславный вид:
Чем кто-то менее достоин,
Тем больше о себе кричит.

* * *

В несостоявшихся мечтах
Витают равенство и братство,
Ведь свет лежит на трех китах:
Власть, честолюбие, богатство.

Мануэль Гарай Аревало
«Распутывание мотка шерсти». 1898 г.

ЛАБИРИНТЫ ИНТРИГ

Александр Вольный
Наука Жизни

* * *

Как пониманьем ни крути,
Но люди явно лицезрели,
Что хороши им все пути
Для достиженья злобной цели.
Среди реальности немилой,
С неумолимостью лихой,
Одни преобладают силой,
Другие — вескою мошной.
И пусть старается напрасно
Вселенский Разум объяснить
То, что извечные контрасты
Должны гармониею жить.

* * *

В противоборстве властных нот
Победу празднует хитрейший:
Не ты, так он тебя убьет —
Твой враг неистовый и злейший.
Всегда естественный отбор
Ничтожит мир бесчеловечно,
Но коль идешь наперекор —
Тогда у власти будешь вечно.

* * *

Цари неистово жестоко
Преображаются во зле
Для явного продленья срока
Негодованья на земле.
Любой судьбою взбудоражен,
Являя пагубный подлог,
Ведь для лихой натуры важен
Всепобеждающий итог.

* * *

Цари о доброте не судят
Всесилием лихих манер,
Преображениями судеб
Творя высокомерье сфер.
Они сражаются словесно,
Уничтожая свой народ,
Чтоб доминировал бесчестно
Грехотворящий оборот.

* * *

Народ — толпа людей покорных,
Где управляют «пастухи»,
Которые всегда бесспорно
Творят коварные грехи.
Ведь власть немыслимых налогов
Преображается сполна
Путем кощунственных подлогов,
Которыми вершит она.
Наивному народу скажут,
Что был правитель — негодяй,
И нового царя обяжут
Служить, немного погодя.
Но если низменные страсти
Все повернут наоборот,
То верноподданный народ
Вернет царя ушедшей власти
И все, что пагубно забыто,
Припомнит нерадиво вновь,
Ведь добродетельное мыто —
Дарить правителям любовь.
С благой покорностью взирают
Рабы на нового царя,
Что, коль прикажет — разрушают,
Деянья дерзкие творя.

***

Внемля святому духовенству,
Неистово греховный свет
Идет к всемирному главенству
Путями жертвенных побед.
Любой коварности подвластен,
Не понимая одного,
Что Бог в том споре безучастен
Всесильем Слова Своего.

Карл Теодор фон Пилоти
«Нерон идет по золе Рима». 1861 г.

БРАЗДЫ ПРАВЛЕНИЯ

Александр Вольный
Наука Жизни

* * *

Вручив престольную корону,
Стезей кощунственного зла
Лжецы царя подводят к трону,
Как отпущения козла.

* * *

Стезей коварного подхода
Все негодяи поступают,
Когда наивностью народа
Себе всевластье добывают.

* * *

Явив греховную природу,
Вершится тайный оборот,
Где вроде служит царь народу,
Но, в сущности, — наоборот.

***

Всевластьем яростного сана,
В пределах собственной страны,
Правленье грозного тирана
Страшнее пагубной войны.

***

От безысходности страдает
Разгорячившийся народ,
Когда наивно избирает
Не слуг, а подлинных господ.

***

Ведь в Мироздании бывает,
Все искривится до основ,
Когда избранник обращает
Народ свой в низменных рабов.

***

Неимоверностью потуг
И титаническим трудом
Народ находит «верных слуг»,
Чтоб вечным быть у них рабом.

***

Правитель низменным устоем
Законы разума попрал.
Народ всегда того достоин,
Кого он на сей пост избрал.

***

Хоть мир сейчас на злобной плахе,
Величественным будет тот,
Не от кого сбегают в страхе,
А кто возносит свой народ.

***

Непререкаемой манерой
Является лихая месть,
Где попраны безумной мерой
Святая правда, совесть, честь.

***

Своей честолюбивой славой
Творя всевластный оборот,
Чем тверже правит царь державой,
Тем шелковей его народ.

***

Где мирозданная обитель —
Изъяны грешные видны.
Любой напыщенный правитель —
Обличие своей страны.

Михай Мункачи
«Се Человек». 1896 г.

КРИТЕРИЙ ИЗМЕНЧИВОСТИ

Александр Вольный
Наука Жизни

* * *

Судьба — космическая повесть,
Отождествляющая жизнь,
Где даже ревностная совесть
Преображается во лжи.
Пленяет низменная страсть
Сознание стремленьем мрачным:
Дай доброму большую власть —
И станет он безмерно алчным.
Закружат голову ему
Льстецы, интриги, совещанья,
И он забудет посему
Свои былые обещанья,
И будет там навеселе
Кутить в неистовой манере,
Ведь все созданья на Земле
Меняются в порочной сфере.

* * *

Благословениями мира
Соединить в уме сумей
Полет орла и силу тигра,
Коварность лис и мудрость змей,
Чтобы, явив лихой удел,
Сражаться остротой кинжала,
Не став таким, как лук без стрел
Или гюрза без злого жала.

***

Всему присутствует черед.
Не утруждайся, силе внемля,
Сорвать благословенный плод.
Чуть погоди, наступит время,
И, сбросив пагубное бремя,
Он сам под ноги упадет.

***

Но лучше быть обычным нищим,
Живущим силою любви,
Чем на чужбинных пепелищах
Воздвигнуть замки на крови.

* * *

Являет стадное понятье
Разбесновавшийся народ,
Ведь, поучаствовав в распятьи,
Все направляются в приход.
Но чаще яростью подхода
Готовы Правду поругать
И напрямую из прихода
Идут коварно убивать.
Да лишь из принципов греховных,
Творящих пагубность интриг,
Извечно судят не виновных,
А исполнителей слепых.

* * *

Все изнывает злобной новью:
Кто был любимым, ныне — враг.
Меж ненавистью и любовью —
Один неосторожный шаг.
Души вселенская структура
Земной осваивает путь,
Где многогранная натура
Меняет жизненную суть.

Платон Васильев
«Иуда Искариот, бросающий серебреник». 1858 г.

ЦЕНА ИЗМЕНЫ

Александр Вольный
Наука Жизни

***

Все однозначно переменно,
Как ты на сущность ни смотри.
За грош не совершишь измену,
А вот за два или за три?
Ведь в жизненной контрастной сфере,
Что Мирозданием вершит,
Бытует низменный критерий
Грехопадения души.
Я объясню природу вашу
Весами мудрости благой:
Чем больше страстью
                        полнишь чашу,
Тем меньше совести в другой.
Стяжательства лихой исток
Сознание коварно рушит.
Дай честным золота кусок —
И все друг друга передушат!
Достоинства вмиг убывают,
Когда в душе буяет страсть,
Которую преображают
Богатство, первенство и власть!

* * *

Ты изливаешься ненастьем,
Но вдалеке враг не всегда,
И друг ждет, чтоб явилась счастьем
Твоя смертельная беда.
Везде кипят лихие страсти,
Где зависть, яростней клинка,
Творит коварное участье —
Родной опасней чужака!
Неблагонравственные лица
Глядят озлоблено кругом,
Ведь легче воевать с врагом,
Чем средь своих душой беситься.

Пеллегрино Тибальди
«Афинская школа». 1584 г.

АНТОЛОГИЯ КОНТРАСТОВ

Александр Вольный
Наука Жизни

* * *

Наш мир устроен столь контрастно,
Приемля злобную печать,
Чтоб мудрость не могла всевластно
Порабощать и подчинять.
Но если сей закон нарушен
И мудрый обретает власть,
То постепенно его душу
Заполнит низменная страсть.
Законы Бытия сложились
Так, чтобы Правде не везло
И Ум с Добром в низах влачились,
А миром управляло зло.

* * *

Неоспоримостью кумира,
Внемля различному примеру,
Один умрет во имя мира,
Второй — весь мир положит в жертву.

* * *

Являя договорный тон,
Есть два сотрудничества типа:
Одно, где Слово, как закон,
Другое — документы — липа.

* * *

Разнообразием скудея,
Вершится жизненный контраст,
Где мудрый гибнет за идею,
А подлый — за пятак предаст.

* * *

Жизнь обстоятельства являет
У Мирозданья на виду,
Где одного – среда меняет,
Второй – изменит всю среду.

* * *

Один поточностью являет
Труды серийные, пока
Другой за всю жизнь сотворяет
Шедевр на долгие века!

КУЛУАРЫ ДУШИ

Душа — потемки. Так обидно,
Хоть каждый истинно поймет,
Что изнутри фасад не видно
И ведь равно — наоборот.
Противоречия увяжет
Явивший наглые черты:
Никто так о тебе не скажет,
Как это сможешь сделать ты!
Теряете, безумно ссорясь,
Переиначивая быт,
В погоне за деньгами — совесть,
В борьбе за власть — душевный стыд.

* * *

Один логически вникает
В космическое Естество,
Но постепенно понимает,
Что сам не знает ничего.
Другой в наигранной манере
Пытается абсурд нести
И убежден, что в полной мере
Он Мироздание постиг.

Пьер-Антуан де Маши
«Казнь Людовика XVI». 1793 г.

АСПЕКТ ВОЗДАЯНИЯ

Александр Вольный
Наука Жизни

* * *

Тенденциями превосходства
Психологических вершин
Является противоборство
Высоконравственной души.
Но коль захочешь ты упорно
Обмана завертеть волчок,
То сам немедленно, бесспорно,
На хитрый попадешь крючок!
Желаешь утвердиться рангом
Своих безнравственных идей —
К тебе эффектом бумеранга
Вернется пагубность затей.
Мы добродетельнее будем,
Ведь в человеческой судьбе,
Как сам ты отнесешься к людям —
Вот так же и они к тебе.

* * *

Полифонией осознанья
Метафизических основ
Вершится степень созиданья
Космологических миров.
Так жизнедейственно ведется
Перипетиями в судьбе:
За все, что сделал, — воздается
Целенаправленно тебе.

* * *

Тенденцией преображенья
Являя нравственный контраст,
Произрастает притяженье
Психологических пространств.
И в этом ты не усомнишься,
Предугадав такой исход:
Все то, чего ты так боишься, —
К тебе немедленно придет.

* * *

Чем больше человек желает
Величия, имея власть,
Тем он сильнее разжигает
Свою безнравственную страсть.
Но есть пределы злодеянья
Для всех носящих высший чин,
Где торжествуют покаранья
Неумолимых гильотин.
Коварность яростного часа
Являет жизненный исход,
Когда неразделимой массой
Царю покажется народ.

* * *

Нередко мир с открытой злобой
Глядит на подлый оборот,
Как царь с набитою утробой
Уничтожает свой народ.
Грядет апофеоз кипенья,
И революция порой,
Превозмогая грань терпенья,
Сметает ненавистный строй.
Разбушевавшимся Колоссом
Народ свергает иногда
Тех карликов, которых носит
На шее мрачные года.

Никола Пуссен
«Танец под музыку времени». 1634—1636 г.

СУТЬ ВРЕМЕНИ

Александр Вольный
Наука Жизни

* * *

Неутомимостью своей
Здесь Время трудится в эфире,
Преображая суть вещей
В противоборствующем мире.
По беспросветности рутин
Оно размеренно струится,
Наслаивая сеть морщин
На изменяющихся лицах.
Оно — лекарство, жуткий яд,
Стезей распада и созданья,
Высоконравственный судья
Многообразья Мирозданья.
Оно — святой потенциал
Энергосферы созиданья,
Вселенский дифференциал
Универсального Созданья.
Многоформатная спираль,
Отождествляющая эры,
Непревзойденная мораль
Духовно-симбиозной меры.
Амбивалентная дилемма,
Меняющая Естество,
Универсальная система
Преображения всего.

* * *

Непререкаемостью смысла
Переиначивая быт,
Чем пуще гонишься за жизнью,
Тем действенней она бежит.

* * *

Расставит Время безупречно
В структуризациях Вселенной
Все, что мгновенно и что вечно,
То, что бессмертно и что тленно.

* * *

Когда остаемся одни,
Мораль познается всегда:
Чем медленней тянутся дни,
Тем мчатся быстрее года.

* * *

Как бы ты праведно ни жил
В контрастном времени текущем,
Все то, что в прошлом совершил, —
Придет наследием грядущим.

* * *

Хоть Мироздание меняет
Сценически контрастный вид,
Кто прошлым так пренебрегает —
Напрасно о грядущем мнит.

* * *

Преображая бесконечность
Порывом мыслеформ благих,
Мгновенье проживай, как Вечность,
Чтоб Вечность превратилась в Миг.

Ян Матейко
«Коперник. Беседа с Богом». 1871—1873 г.

ПУТИ ПРОГРЕССА

Александр Вольный
Наука Жизни

* * *

Формирование прогресса
Универсальностью умов
Является благим процессом
Высоконравственных основ.

* * *

Стезей разумного подхода
Люд технодетище создал,
Не осознав то, что Природа —
Неоспоримый Идеал.
Тенденциями постиженья
Он технологии развил,
Познав механику движенья
Энергоинформационных сил.
Его не выдержит Природа,
Ведь, вникнув в тайны Бытия,
Нарушил схемы генокода
Вселенского развития.
Бытует уровнями мысли
Самоуверенный народ
И думает, что правит Жизнью,
Но все совсем наоборот.

***

Строенье атома открыл,
Проникнув в тайное начало
Вселенских прогрессивных сил
Природного потенциала.

***

Великие умы являют
Плоды универсальных дел,
Но логикой не постигают
Животворения удел.

***

Тенденциями дисбаланса
Высокоразвитых натур
Не происходит резонанса
Среди космических культур.

* * *

Прогресс Вселенского Сознанья,
Являя свой потенциал,
Многообразьем созиданья
Творит духовный ареал.

* * *

В полифонии генераций
Космологической межи
Многообразьем комбинаций
Слагается земная жизнь.
Тенденцией ароморфоза
Проходит планетарный век,
Где «светочем апофеоза»
Все разрушает Человек.
Рожденный пагубное дело
Технологически творить,
Задумал он живое тело
Искусственным преобразить.
Но гибнет от идей своих,
Явив нелепую беспечность,
Отождествив вселенский миг,
Который выражает Вечность!

* * *

Хоть во Вселенной планомерно
Творится жизненный процесс,
Но по Земле неравномерно
Распределяется прогресс.
Все неуклонно проявляют
Разнообразие свое:
Одни — ракету запускают,
Другие — мастерят копье.

* * *

Ученых кропотливый труд,
Но, оперируя смертями,
Они логически идут
Неэффективными путями.
Они, теории создав,
Усердно изучают свет,
Познав материи состав,
Но Жизни в их открытьях нет.
Благословенные морали
Гласили с истинным трудом
То, что Господь, создав детали,
Творит миры Своим Умом.

* * *

Но Человек сумел сберечь
Добро на мирозданном лоне,
Преобразовывая речь
Потенциалами гармоний.
Он Универсум изучил
Многообразьем постиженья
И философски изложил
Ортодоксальные ученья.
Космологически вникал
В первоосновы Мирозданья
И планомерно осознал
Полифонию созиданья.

* * *

Не соблюдая в Мирозданьи
Геоструктурный резонанс,
Нарушил темпом созиданья
Экологический баланс.
Стезей безумного подхода,
Что злые мысли обрели,
Из Жизни сотворил урода,
Переиначив лик Земли.

***

Потенциал цивилизаций,
Спрягая жизненный процесс,
Полифонией информаций
Творит космический прогресс.

***

Одни творят не ради славы
Открытий благодатный свет,
Другие — низменно, по праву,
Добро их обратят во вред.

***

Врач применил пучковый лазер
Стезею прогрессивных дел
Для микрохирургии глаза
Коррекцией белковых тел.

***

Все медицину изощряют,
Свои болезни победив,
Когда духовно постигают
Энергетический массив.

Жан Огюст Доминик Энгр
«Апофеоз Гомера». 1827 г.

ПРОБЛЕМА ГЕНИАЛЬНОСТИ

Александр Вольный
Наука Жизни

***

Законом нравственно-моральным
Мы убеждаемся заветно:
Коль будет разум гениальным,
То признается он посмертно.

***

Могущество святого часа
Энергоформой поколений
Благоволит сознанью расы,
Чтобы родился новый гений.

***

Полифонией созиданья
Наш разум — жизненный титан
Разгадывает в Мирозданьи
Обилие Вселенских тайн.

* * *

Грехотворящая реальность
Должна Созданье исказить,
Найдя в бездарном «гениальность»,
Чтоб в гении ее убить.

* * *

У гениев — своя среда
Благословением морали,
За что их глупые всегда
Неимоверно презирали.
Предавшихся благой мечте
Без видимого основанья
Жизнь заставляла в нищете
Влачить свое существованье.
Хоть ум их гениальным был,
Питая светлые надежды,
Но он-то их не прокормил,
Не дал ни крова, ни одежды.
Любое мировое семя
Имеет чувственный исток,
Чтоб, не опережая время,
Пустить живительный росток.
Является в духовном чуде
Священный жизненный итог.
Хоть гонят их коварно люди,
Зато благословляет Бог!

* * *

Тебе не убежать от свор,
Буяющих безумьем рьяно,
Когда оскалится топор
И плаха ухмыльнется пьяно.
Но тщетно на судьбу пенять,
Ведь люди мудрость презирают,
И как ты сможешь их понять,
Когда тебя не понимают?
Беспомощен душевный лик
Среди греховного всесилья,
Ведь миру породнен язык
Жестокосердного насилья.
У злых — величественность судеб
С неумолимостью идей,
Они несправедливо судят
Благонамеренных людей.
Коварностью лихих стремлений
Здесь обнажились сотни жал,
Ведь ни один великий гений
От воздаянья не сбежал!

* * *

Финальным созиданьем рода
Закончив мирозданный курс,
Являет в гениях Природа
Космологический ресурс.
Потенциальностью смеженья
Гомологических рядов
Он не имеет продолженья
Произведения родов.
Он открывает ту деталь,
Которая не видна людям,
Явив Божественную даль,
Где мы преображенно будем.
Ступая праведностью мысли
По мирозданному пути,
Он верен жизненному смыслу,
Чтобы прозренье обрести.

* * *

Ведь если разобраться в деле
С причинами вселенских действий,
То гениальность на пределе
Не переходит по наследству.
В развитии любого рода
Геномным измененьям быть,
Когда духовная природа
Сплетает жизненную нить.

ГЕНИЮ ТВОРЧЕСТВА

Как из-под снега первые цветы,
Живой родник из-под сухого дерна,
Обилие небесной красоты —
Мечтой Творца, что истинно бесспорна,

Как круговерть галактик и планет —
Реликтовым созвучием Вселенной,
Святого Духа нравственный рассвет
В Любви желанной и проникновенной,

Так творчество великое твое
Гармонией миров произрастает,
Переполняя мыслью Бытие,
Что вдохновенно души окрыляет.

Дари прозрения Вселенский Слог,
Преображая жизнь в премудром свете,
Который вечно излучает Бог
Духовным выражением Бессмертья.

Рафаэль Санти
«Моисей показывает скрижали народу Израиля». 1519 г.

АПОКРИФ ДУХА

Александр Вольный
Наука Жизни

* * *

Среди космической системы
Являя мирозданный смысл,
Мы — главы истинной поэмы
С лирическим named «Жизнь».

* * *

Внемля Вселенскому уделу
От нескончаемых прорух,
Чем тягостней живется телу,
Тем явней укрепится дух.

* * *

Многообразным созиданьем
Животворящего Лица —
Зачаты Мировым Дыханьем,
Чтоб оправдать мечты Творца.

***

Космологически ведется
В благонамеренном оплоте:
Нам Дух Божественный дается,
Чтоб вознестись из тленной плоти.

***

Судьба — Божественный творец
Вселенского потенциала.
Где для бездушного — конец,
Там у духовного — начало.

***

Могуществом формированья
Высоконравственных основ
Душа — система созиданья
Метафизических миров.

* * *

Благоговением объяты,
Войдя в космический чертог,
Мы отражаем постулаты,
Которыми глаголил Бог.

* * *

Всесильем истинного Слова
Высоконравственных натур
Язык — духовная основа
Цивилизованных культур.

* * *

Когда священно созидаешь,
Отвергнув низменную ложь,
То Дух Божественный впитаешь
И смысл Творения поймешь.
Ведь добродетельно ведется —
Ты это властен осознать,
Что с малого начать придется,
Чтобы миры преображать.

* * *

Теологически ведется
Благонамеренной судьбой:
Душа с утробой расстается,
Духовное — всегда с тобой.

* * *

Критериальностью различья
Системы зрения и слуха
Один являет дух величья,
Другой — живет величьем духа.

* * *

Животрепещущею новью
Священной Музою трубя,
Благословляй своей любовью
Всех ненавидящих тебя.

* * *

Натурою проникновенной,
В космологическом звене,
Духовный мыслит о Вселенной,
А жадный — грезит о цене.

* * *

Всесилием формированья
Метафизических основ
Дух — сверхсистема созиданья
Высоконравственных миров.

* * *

Внемля космическому слогу
Высоконравственной поры,
Все то, с чем мы восходим к Богу, —
Души священные дары.

* * *

Один — миры преображает,
Прославив доблестное имя,
Другой — сокровища стяжает,
Трясясь в безумии над ними.

* * *

В контрастном мире, безусловно,
Величьем подвигов святых,
Чем будет человек духовней,
Тем меньше жаждет благ земных.

* * *

В благонамеренном оплоте
Огонь сознанья не потухнет.
Один живет страстями плоти,
Второй — творит величьем духа.

* * *

Старайся уяснить скорее,
Благословенностью идей:
Чем будет человек мудрее,
Тем он почтенней у людей.

* * *

Являя нравственный исток
Всесозидающего слога,
Когда гоним и одинок —
Тогда душа находит Бога.

* * *

Отождествляйся неподкупно
В миротворящей стороне
С тем, что телесно недоступно,
Но явно мысленно вполне.

* * *

Благословеньем благородным
Тебя судьба от бед спасла,
Ведь лучше быть душой свободным,
Чем стать рабом земного зла.

* * *

Перенасыщенностью духа
Всяк разнопланово живет:
С одним и озеро протухнет,
С другим — пустыня расцветет.

* * *

Преображениями века,
В святое изначалье веря,
Творец в обличье человека
И человек в личине зверя.

* * *

Отражается миротворящий уклад
Благодати Вселенского Слога,
Где душа мудреца чередою утрат
Постигает величие Бога.

* * *

Многообразьем созиданья
Высоконравственных идей
Твори во благо Мирозданья,
Снискав признанье у людей.

* * *

В метафизической основе
Миротворящей круговерти
Все, что запечатленно в Слове, —
Отождествляет лик Бессмертья.

* * *

В бессмертном животворном слоге,
Чтоб свет сознанья не погас,
Мы духом пребываем в Боге,
А Он — душой ютится в нас.

* * *

Духовная всесильна нить,
Ее кощунством не убить,
Она пришла в земной чертог
Вселенским Словом, в коем Бог.

* * *

Пусть Время, духом на челе,
Творит в житейской круговерти,
Где через Слово на Земле
В нас проявляется бессмертье.

* * *

С высоконравственной основой,
Чтоб свет прозренья не потух,
Живи миротворящим Словом,
Которое — Господний Дух.

* * *

Вселенской силой созиданья
Явив духовные пути,
Твори во благо Мирозданья,
Чтоб ко Всевышнему взойти.

Микеланджело Буонарроти
«Сотворение Адама». 1511 г.

О ПРИРОДЕ БОЖЕСТВЕННОГО

Александр Вольный
Наука Жизни

***

Нет воплощениям конца
У Созидания святого,
Где Дух Вселенского Творца
Является бессмертьем Слова.

***

Священной силой вдохновенной
Наполнив жизненный эфир,
Поэзия — язык Вселенной,
Что создает контрастный мир.

***

Благословениями мысли,
Стезею творческого слога,
Вселенная — поэма Жизни
Бессмертным воплощеньем Бога.

* * *

Всесильем Жизненного Слога
Став Истиною на челе,
Вселенную святого Бога
Мы созидаем на Земле.

* * *

Определением сознанья
Противоречия итожь,
Когда в основах Мирозданья
Критерий Истины найдешь.

* * *

Преображением в мирах,
Вселенской Истиной дыша,
Не важно, где почиет прах,
Важней, куда уйдет душа.

***

Организацией белка
От созидания святого
Энергосхема ДНК
Является системой Бога.

***

Всегда животворящим ликом
Все в Мироздании возможно:
Что для людей в быту велико,
То для Всевышнего — ничтожно.

***

Универсальностью развитий
Бытует Разум на челе
Формирования событий
На многоплановой Земле.

* * *

Высоконравственностью слога,
Как воплотившаяся мысль,
Вселенная — поэма Бога
С лирическим названьем «Жизнь».

* * *

Мир соткан лучезарной вязью
Божественных Вселенских норм
С космической взаимосвязью
Универсальных жизнеформ.

* * *

Универсальностью лица
Преображения святого
Вселенная – Душа Творца
Бессмертным воплощеньем Слова.

* * *

Наполнив действенностью слога
Метафизический эфир,
Дух — жизненная сущность Бога,
Организующая мир.

* * *

Интерпретациями смысла
Космологических частот
Высоконравственные мысли
Меняют жизнетворный код.

* * *

Высоконравственностью цели
Неиссякаемых блаженств
Наш мир — прообразом модели
Универсальных совершенств.

***

Энергоинформационной вязью
Космологических основ
Земля произрастает связью
Высокоразвитых миров.

***

Тенденцией энергокода
Переформируя эфир,
Наш дух — система перехода
В астральный трансцендентный мир.

***

Стезей Вселенского глагола
Гласит Божественная Мысль:
Земля — космическая школа,
Где наш экзаменатор — Жизнь.

***

Многообразным созиданьем
Являя целостную жизнь,
Божественное Мирозданье —
Универсальный организм.

***

Могуществом потенциала
Высоконравственной поры
Земля — духовное начало
Исхода в высшие миры.

***

Преображениями расы,
Синхронизацией своей,
Чем больше в мире биомассы,
Тем генерация быстрей.

* * *

Тенденцией преображенья
Природных многогранных тел
Лицо — система выраженья
Физически-духовных дел.

* * *

Всему определяют место,
Ведь жизнедеятельной цепью
Из одного всех лепят теста,
Но по изысканным рецептам.

* * *

Духовной силой сокровенной,
В космологической Судьбе,
В твоей душе — все о Вселенной,
А во Вселенной — о тебе.

* * *

Всесильем истинного слога
Являет мирозданный смысл
Наивысшую награду Бога —
Высокоразвитую Жизнь.

* * *

Благоволениями смысла
Являя мирозданный быт,
Структуризациями Жизни
Вершится матрица Судьбы.

* * *

Стезей житейского удела
Преображая взор и слух,
Земное увядает тело,
Но расцветает Божий Дух.

***

Неповторимостью симфоний
Энергоинформационных норм —
Разнообразие гармоний
Универсальных жизнеформ.

***

Чем выше градиент познанья
Высоконравственных основ,
Тем явней степень созиданья
Метафизических миров.

***

Животворящее мгновенье —
Всесильем ясного венца,
Когда Вселенское Творенье
Возносит Вечного Творца.

* * *

Где многогранною культурой
Взрастает нравственный устой,
Там идеальною структурой
Является державный строй.

* * *

Многообразьем постиженья
Высоконравственных идей
Страна — вершина достиженья
Цивилизованных людей.

* * *

Оригинальностью симфоний
Универсальности благой
Наш разум — сферою гармоний
Меж бренным телом и душой.

* * *

Творя энергопроизводность
Контрастами Вселенских лет,
Всегда процессов очередность
Преображает этот свет.
Потенциалом генокода
Здесь — жизнедейственность своя,
Ведь компонует все Природа
В биосистеме Бытия.

* * *

Многообразьем созиданья
Вселенная являет нас
Универсальностью сознанья
Культурно-планетарных рас.

* * *

Мы добродетельно живем,
Творя космические фоны,
Ведь в измерении любом
Свои присутствуют законы.
Фундаментальный свод основ
Не может называться лишним,
Когда гармония миров
Задумана самим Всевышним.
Все сотворения Его
Места в системах занимают
И из пространства своего
Вселенский импульс посылают.
Так в изменяющемся свете
Космологической межи,
Возможно, на другой планете
Сегодня возникает жизнь,
Где в разновидности условий
Энергетической среды
Всесотворяющее Слово
Являет светлые труды.

И мы в духовном созиданьи
Трансгалактической межи
Пытаемся постичь сознаньем
Высокоразвитую Жизнь.
Увидев светочем познанья
Метафизический контраст,
Выстраиваем Мирозданье
Преображением пространств.
Ведь в истинные чудеса
Рождается святая вера,
Где Марс краснеет в небесах,
Когда является Венера.
Юпитер произносит смурно
Свой риторический глагол
О том, что мантию Сатурна
Обвил прекрасный ореол.
Стезей Божественного света
Произрастает Естество
Там, где вращаются планеты
Вокруг светила своего.

* * *

Господь Вселенское Творенье
Целенаправленно создал,
Чтобы всесильем достижений
Возрос сферический кристалл,
И животворное светило
Поставил озарять эфир,
Чтобы космическая сила
Преображала этот мир.
Функциональностью систем
Творятся преобразованья,
Круговоротами проблем,
Стезей переформированья.
Так мы от Бытия земного,
Как опресненная вода,
Уходим в небо, чтобы снова
Душою приходить сюда.
Нас в новое вселяя тело,
Господь велит духовно жить,
Творя осмысленное дело,
И светлой верой дорожить.

* * *

Бог виды все распределил
По вариациям сознанья
И сущностям определил
Их ареалы обитанья.
Субэнергетикой материй
И генерациями сил
К универсальной биосфере
Он индивидуумы привил.

* * *

Высоконравственностью мысли
Вникая в таинства основ,
Познай стези Вселенских истин
Всевышним созданных миров.

* * *

Бог создал по духовной схеме
Метафизический эфир,
Чтоб в Галактической системе
Вращались микро-, макромир.
И, сгенерировав Природу,
Задал ей интегральный ритм,
Чтобы универсальный модуль
Являл Вселенский Алгоритм.

* * *

В энергоинформационной схеме,
Где Разум жизненно весом,
Универсальною системой
Идет развитье хромосом.
Мутационных изменений
Не избежать Земле никак.
Все ждут, что народится гений,
А появляется дурак.
Запрограммировав движенье
Энергетических веществ,
Земля слагает продолженье
Родов генетикой существ.

* * *

Хоть Мирозданье созидает
Благословением идей,
Но пагубность уничтожает
Цивилизацию людей.
Идут плеяды поколений,
Как воплотившаяся мысль,
Что сериями достижений
Являют интегральный смысл.
Ведь в изменяющемся мире
Бытует животворный вдох,
Где в динамическом эфире
Витают призраки эпох.
Гармонией проникновенной
Меняется система мер,
Где информация Вселенной
Творит многообразье сфер.

* * *

От благоденствия святого
Рождается Вселенский Смысл,
Когда Божественное Слово
Преобразовывает Жизнь.

* * *

Космологическая ветка
Творит Божественную жизнь,
Где человеческая клетка —
Универсальный организм.

* * *

Животворящим созиданьем
Является Вселенский свет,
Чтобы Божественным сознаньем
Земля вершила много лет.
Она, давая мощный импульс,
Питает мысленный поток,
Преобразуя фотосинтез
В энергетический исток.

* * *

Весь смысл Господнего стремленья —
Являть бесчисленность существ —
Заложен в Истине Творенья
Порядком жизненных веществ.
Ведь формы, что преображают
Великолепие основ,
Духовно олицетворяют
Богообразие миров.

* * *

В космическом потенциале
Бог каждому вручил удел
В геоструктурном ареале
С универсальным спектром дел.

* * *

Заложена сакрально в нас
Универсальная программа,
Но люди в сумасбродный час
Выходят из контрольных рамок.

* * *

Лазурный излучая нимб,
Летит прекрасная планета,
Многообразием своим
Сияя лучезарным светом.

* * *

Земля — обитель всех живущих,
Вселенская энергосила,
Эдемские святые кущи
И мирозданная могила.

* * *

Давай сейчас универсально
Миротворение поймем.
Не все в Природе идеально,
Как в механизме часовом.
Ведь формы Жизнью создаются,
Чтоб заселить пустынный свет,
А вот пока они сойдутся,
Проходит очередность лет.

* * *

Творя логический критерий,
Господь явил наш организм,
Энергоформами материй
Преобразовывая жизнь.
Создав универсальный комплекс
Вселенского развития,
Он уподобил светлый отпрыск
Для освоенья бытия.

* * *

Вселенная духовной вязью
Была Всевышним создана,
Энергоинформационной связью
Взаимодействовать должна.

* * *

Космологическим началом
Метафизической межи
Земля духовным ареалом
Являет нравственную жизнь.

***

Потенциалом созиданья
Бытует Время на челе
Разнообразья пребыванья
Созданий на сией Земле.

***

Не только разноличьем расы
Мир воздвигает рубежи,
Но и делением на классы
Произрастает наша жизнь.

***

Высоконравственностью смысла
Контрастная земная жизнь
Интерпретациями мысли
Вращает биомеханизм.

* * *

Преображением сознанья
Сменив геноструктурный код,
Всесильем миропониманья
Нас эволюция ведет.

* * *

Целенаправленно являя
Метафизический процесс,
Мы планомерно усложняем
Космологический прогресс.

* * *

Являют жизненный уклад
Метафизические звенья,
Где эволюционный лад
Преображает поколенья.

* * *

Теологически известно,
Что в жизнедейственной дали
Бог оптимально выбрал место
Для сотворения Земли.
Преображая Мирозданье,
Вручил вершить Творенье нам
Геоструктурным состояньем
С универсальным спектром гамм.

* * *

Всесилием первопорядка
Проходит планетарный век,
Питается Земли клетчатка
Артериями чистых рек.
Ничто там не оскудевает,
Где есть природный резонанс,
И жизнь размеренно являет
Энергетический баланс.

* * *

Энергоинформационной вязью
Гетеротрофных бионорм
Бог сотворил разнообразье
Универсальных жизнеформ.

***

Преобразятся совокупно
Миры в космическом звене.
Что было раньше недоступно,
Теперь — решаемо вполне.
Исчезла таинства преграда
Для человеческих существ
В периодах полураспада
Неорганических веществ.

***

Системою причин и следствий,
Десятки миллионов лет,
Земля — театр Вселенских действий
В бескрайней суете сует.

***

Божественное вдохновенье
Космологически вершит
Благословенным посвященьем
Высоконравственной души.

***

Закон Творения познаешь,
Когда сакральное поймешь:
В материальном потеряешь,
В духовном — тотчас обретешь.

Микеланджело Буонарроти
«Сотворение светил и планет». 1512 г.

ВЕЛИЧИЕ МИРА

Александр Вольный
Наука Жизни

* * *

Хоть в многоплановом эфире
Бытует замкнутость всегда,
Но скоротечно в этом мире
Преображается среда.
Разнообразные сужденья
Творят земную круговерть,
Приветствуя души рожденье,
Разоблачающее смерть.
И хоть интерактивность опций
Имеет жизненный эфир,
Не избегает диспропорций
Противоборствующий мир.
Неоспоримо, повсеместно,
Там, где многоформатный фон,
Бытует, как уже известно,
Космологический закон.
Земля физически черпает
Потенциальные нужды,
И в ее сферу проникают
Метеоритные дожди.
Трансэнергетикой своей
Планета несоизмерима
И гармоничностью вещей
Изысканно неповторима.
Многообразием идей
Являет светлые морали,
Но постижения людей
Творение поймут едва ли.

Ведь чем невидимей от вас
Потусторонняя астральность,
То люди разумом подчас
Приемлют вымысл за реальность.
Универсальный шар земной
Слагает правила такие,
Как генератор мировой,
Несущий ритмы временные.
Прецессионное вращенье
Энергетической оси
Являет лунное движенье
Посредством центробежных сил.
Планета Солнце облетает
За календарный круглый год
И планомерно сотворяет
Ротационный оборот.
Потенциалом Созиданья
Проходит эры торжество
В круговороте Мирозданья,
Где Время рушит Естество.

* * *

Сперва Всевышний сонмом сил
Неповторимости чудесной
Все Мирозданье сотворил
Проникновенностью словесной.

Священностью духовных практик
Струился свет Его лучей,
И манускриптами галактик
Запечатлялся свод речей.

Всесилием астральных действий
Господних мирозданных тем
Сияли рифмами созвездий
Поэмы жизненных систем.

Вложив Вселенские сензары
В духовно-лучезарный свет,
Звучали ямбами квазары,
Вторя хореями планет.

Могуществом проникновенья
Лирически душевных строф
Всевышний силой вдохновенья
Творил гармонию миров.

***

Среди критической жары
Полистуктурных комбинаций
Преображаются миры
Цепями синтезных реакций.

Глубинами астральных гнезд
Универсальных изначалий
Рождались сонмы протозвезд
Среди магнитных аномалий.

Являя жизненный рассвет
Божественной духовной фазы,
В структуризациях планет
Менялась форма протоплазмы.

Я, проникая в эту суть,
Смотрел сквозь нравственные призмы,
Как Жизнь проторивает путь,
Пройдя большие катаклизмы.

Генезисы астральных сфер
Хранили множество событий
Цивилизаций, рас и вер
С потенциальностью развитий.

Здесь много миллиардов лет
Шла трансформация материй,
Чтобы Животворящий Свет
Явился логикой мистерий.

Наполнив мирозданный быт
Гармонией проникновенной,
Здесь зарождался лик Судьбы
Разумно мыслящей Вселенной.

***

Плодотворным началом слагался конец
Гармонических образований,
Где вершила Любовь, как задумал Творец —
Многоликостью оснований.

Сколько высокоразвитых форм
Многопланового Мирозданья,
Что Всевышний явил уникальностью норм
Жизнедейственного созиданья!

Здесь преображаются плоть и душа
Трансцендентной стезей ощущений,
Что контрастно живут, гармонично дыша
Благодатью святых вдохновений.

***

Энергетикой животворящих основ
Генерации Духа Святого
Эволюция универсальных миров
Выражает величие Бога.

***

Постулатами универсальных развитий
Животворного потенциала
Алгоритм планомерных Вселенских событий
Вложен в матрицу геокристалла.

***

Многогранностью потенциала
Жизнедейственных субгенераций
В динамической матрице геокристалла
Созревает свет цивилизаций.

* * *

Созидая высоконравственный быт
В динамической круговерти,
Бог вершит алгоритмом Вселенской Судьбы
В трансформациях жизни и смерти.

* * *

Проявляется животворящая сила,
Создающая благословенный рассвет
Там, где истинным смыслом вращают светила
Многоликие сферы летящих в эфире планет.

Вдохновенной симфонией ритмов эфира
Здесь играет великий Вселенский орган
Партитурную суть сотворенного Разумом мира
Гулом светлых туннелей и тембром
                                астральных мембран.

Ведь когда наши мысли закружат священно
Уникальность энергий эйфорией грез,
Зародятся в духовных глубинах Вселенной
Миллиарды галактик с обилием звезд.

* * *

Мирозданного Духа святая любовь
Проросла в литосферные плиты
Там, где разум планеты
              пульсирует вновь
Через дольмены и мегалиты.

* * *

Твои познанья слишком скудны
О мире, что предельно прост,
Реальностью любой секунды
Являющем духовный рост.
Он вдохновляет вас и судит,
Творя Вселенское табу,
Чтоб миллиарды разных судеб
В одну соединять Судьбу.

***

Интерпретациями смысла
Энергетический поток
Преображениями мыслей
Являет жизненный исток.

***

В метафизическом эфире —
Творения Вселенский смысл,
И в каждом разноликом мире
Заложена благая мысль.
Ведь сущности, что наполняют
Энергосферу Бытия,
Универсально отражают
Апофеоз развития.
У всех изящные структуры,
Носящие духовный ген,
И каждая творит натура
Энергетический обмен.

ЛУНА

Лишь побледневшая Луна
На мирозданном небосводе
Космологически одна
Владенья тайные обходит.

Ее проникновенный свет
Влюбленным нагоняет грезы,
И много миллионов лет
Над нею воспаряют звезды.

Она в животворящей мгле
Плывет по миру горделиво,
На кристаллической Земле
Творя приливы и отливы.

Являя космогенный цикл
Периодичностью вращенья,
Она вершит порядком цифр
На календарных упрощеньях.

Она вращается в лазури
Энергетических пространств,
Навеяв чувственные бури
В метафизический контраст.

Она — Вселенский генератор
Биоритмических частот,
Сакральный субкоординатор,
Творящий космогенный код.

Она — космический рефлектор
Универсальностью своей,
Неподражаемый прожектор
Теологических вещей.

Она в духовном ареале
Космологических основ
Преображает Зазеркалье
Энергетических миров.

Ортодоксальных мудрецов
Она влекла необычайно,
Но вдохновенное лицо
Осталось мирозданной тайной.

Она — светильник для идущих,
Для страждущих — печаль души,
И для иллюзией живущих —
Стезя космических вершин.

Все помнит в многоликом мире
Преображенностью своей,
Плывя в Божественном эфире
Благоговением идей.

ВОДА

Она везде незаменима,
Питая жизненный удел,
Текуча, легкоразделима
Преображениями тел.

Многообразьем Естества
Творит космические схемы,
Соединяя вещества
Метафизической системы.

Универсальным созиданьем
Энергоинформационных норм
Преобладает в Мирозданьи
Разнообразьем жизнеформ.

Она седыми льдами стынет,
Парит, а в состояньи талом —
Бытует жизненно в пустыне,
Уничтожает жутким шквалом.

Она — природная основа
Биологических веществ
Организацией живого
Формирования существ.

Она — космический астрал,
Полиструктурностью материй
Хранящий сверхпотенциал
Неисчерпаемых энергий.

Она — целительный родник,
Космологический глагол,
Универсальный проводник
Физических энерговолн.

Она витально составляет
На семьдесят процентов вас
И планомерно обновляет
Кислотно-щелочной баланс.

Она — земной катализатор,
Обитель множества существ,
Полиструктурный стимулятор
Энергетических веществ.

Она — реликтовый фрактал
Духовной силы космогенной,
Магический потенциал
Формирования Вселенной.

Смывает ведь вода всю кровь
И результаты преступлений,
Неудержимостью течений
Являя жизненную новь.

Она прозрачна и чиста,
И динамическим потоком
Все ставит на свои места
С космологическим истоком.

Переполняя Бытие,
Прообразы воспроизводит,
И отражение свое
В ней сущность каждая находит.

Так жизнь проносится, слегка
Меняя контуры наброска,
Преобразуя в старика
Неугомонного подростка.

МОЗГ

Ваш мозг — апофеоз созданья
Космологических основ,
Полифонией созиданья
Творящий множество миров.

Сформировав мировоззренье
Высоконравственностью чувств,
Он силой одухотворенья
Являет свет наук, искусств.

Неисчерпаемостью смысла
Программы составляет он,
Спрягая логикою мыслей
Энергоинформационный фон.

Благословеньем осознанья
Являя сверхпотенциал,
Всесильем преобразованья
Творит Вселенский ареал.

Планета — сфера созиданья,
Где информации поток
Он генерирует в сознаньи
За жизнедеятельный срок.

А люди, любопытным разом,
Копаются в своих мозгах,
Пытаясь обнаружить Разум,
Как Время в кварцевых часах.

Рафаэль Санти
«Парнас». 1510 г.

ОДА МИРУ

Александр Вольный
Наука Жизни

Все в этот мир приходят с плачем,
Открыв пытливые глаза
На жизнь, где мы ретиво скачем,
Пришпорив дерзостный азарт.

Ты всеобъемлющий, как зависть,
И неприкаянный, как стыд,
Твоя космическая завязь
Имеет благородный вид.

Ты — прародитель грешной мести
Неиссякаемостью сил,
Бесчестием под маской чести
И обречением могил.

Ты — изгнанный, но тут же — званый,
Отец царей и бедняков,
Непререкаемый, желанный
Благословением веков.

Ты — несравненное уродство
Под идеалом красоты —
Великолепьем превосходства
Высоконравственной мечты.

Исполненный Вселенским слогом,
Ты льешь воинственную кровь
И жизнедейственным подлогом
Вручаешь светлую любовь.

Ты — отпрыск истинного Рая
Противоречиями чувств.
Живешь, законы попирая,
Многообразием искусств.

Системою чередований
На четный и нечетный ряд
Меняешь схемы пребываний,
Являя жизнетворный лад.

Неповторимостью участья
Преображая тленный прах,
Ты — горе с подоплекой счастья
В космологических мирах.

Многообразием наречий
Творишь духовный оборот,
Как мир сплошных противоречий,
Всему являющий черед.

Разнообразием градаций
Энергоинформационных норм,
Стезей духовных генераций
Ты создаешь величье форм.

Благословением Начала
Ты — поучительный итог,
Как Свет, который тьма попрала,
Явив фатальный эпилог.

Ты — выражение Вселенной
Отождествленьем совершенств,
Что грезит силою священной
Среди космических блаженств.

Ты — величайшее из таинств,
Спасительная сень Христа,
Неотразимый из титанов,
Изысканность и простота.

Ты — жизнедейственный свидетель
Всевластием блестящих лож,
Как Зло — «святая добродетель»,
И «Правда» — низменная ложь.

Твой разум порождает глупость,
Богатство — бренность нищеты,
Ты щедр, но жизненная скупость
Определяет суть тщеты.

Ты — прах, который рушит Время,
Преображая твой устой,
Ты губишь, оставляя семя
Благословенною мечтой.

Узор твой уникально тонок,
Но разум — беспросветно слеп.
Порок — испорченный ребенок,
Вошедший в дьявольский вертеп.

Образованием безбожным
Вручая беспросветный страх,
Какой великий ты в ничтожном,
А также — праведный в грехах.

Стезей коварного подлога
Имея зверский аппетит,
Ты под святой идеей Бога —
Всепобеждающий инстинкт.

Рожден Вселенную увидеть,
Все лучшее от жизни брать,
Как ты умеешь ненавидеть
И низменной натурой врать.

Неповторимостью симфоний
Явив Вселенский алгоритм,
Ты — дисгармония гармоний,
Творящая нелепый ритм.

Многообразием реликвий,
Ортодоксальностью манер
Ты — разноплановость религий,
Духовных обликов и вер.

Преображениями наций,
Великолепием культур
Ты — действенность цивилизаций
Харизматичностью натур.

В универсальной круговерти
Явив благой потенциал,
Ты — Жизнь, преддвериями смерти
Гомологических начал.

Высоконравственным устоем
Животрепещущих блаженств
Ты — мир Божественных настроев
В руках людских несовершенств.

Век, отворив святые очи,
Взирал, как восходил кумир,
Когда кричали злые ночи:
«Он завоюет грешный мир!»

Преображением морали
Твердил благословенный Спас,
И даже мертвые вставали
В определенный Богом час.

Но ни правленье Вавилона,
Ни изощренья дерзкой лжи,
Ни сени жертвенного лона
Мою формировали жизнь.

Душа упорно не хотела
Явить содействие уму —
За это угодило тело
В грехотворящую тюрьму,

Где нерадивостью порока
Являя жуткий норов свой,
Я проклинал тебя жестоко —
Благословенный род людской.

Но благодатью отраженья
Высоконравственных времен
Я созерцал преображенье
Миропомазанных имен.

Тирадами нелепых стансов
Я прославлял земную власть,
С неистовством лихих нюансов
Насытившись пороком всласть.

Но лучезарные стремленья,
Явив Вселенское Лицо,
Благословеньем посвященья
Прочли заветы мудрецов.

И я пошел священством веры
Преображать мирскую жизнь,
Оставив жуткие химеры
И призрачные миражи.

Но даже там, где я скитался
Среди безверия людей,
Господний Образ воздвигался
Неповторимостью идей.

Стезей безумного коварства
Ты лицедействовать не смей,
Являя образ святотатства
Неукротимостью своей.

Своей неистовой эпохе
Вернув греховные долги,
Я помышлял не о подвохе,
Глаголя: «Боже, помоги!»

Глядя на жизненные лица,
Шагал Вселенскою судьбой
Туда, где светлая десница
Указывала берег мой,

Где в кулуарах Мирозданья,
Сияя истинной мечтой,
Стоял величием созданья
Благословенный Храм Святой.

Дверь Мудрости была открыта,
И я уверенно вошел
В ту сень, которая обвита
Ажурным пламенным плющом.

Совсем не ощущая тела,
Я осмотрелся не спеша,
И вдохновенно полетела
Преображенная душа.

Великолепьем созиданья
Отождествив святой устой,
Мне в руки яблоко познанья
Упало с ветки золотой.

Молитву светлую глаголя,
Я посмотрел на неба синь,
Шепча: «На все есть Божья воля
Среди космических святынь!»

И, жизнерадостно ликуя,
Провозгласили облака:
«Ты выбрал Истину святую,
Оставшись с Богом на века!»

Виктор Васнецов
«Бог Саваоф». 1896 г.

АЗЫ ТВОРЕНИЯ

Александр Вольный
Наука Жизни

ТРАКТАТ О СЛОВЕ

*В начале было Слово,
и Слово было у Бога,
и Слово было Бог.
Оно было в начале у Бога.
Все через Него начало быть
и без него ничего не начало быть,
что начало быть.
В Нем была жизнь и жизнь
Была свет человеков…
И Слово стало плотию
и обитало с нами,
полное благодати и истины.
И мы видели славу Его,
славу как единородного от Отца.*

(Евангелие от Иоанна 1:1)

В системе бытия земного
Народ проникновенно жив
Благоговениями Слова
Божественных духовных нив.

Оно — душевный стимулятор
Божественного существа
И смысловой структуризатор
Потенциалов Естества.

В многообразии эмоций
Великой творческой души
Оно живительностью порций
Миротворением вершит.

Эфирно-звуковою вязью
Его вам Жизнь преподнесла
С раздвоенно-суммарной связью
Гармонии добра и зла.

Оно — первообразованье
Высоконравственной любви,
Звено взаимопониманья
Между различными людьми.

Оно многообразьем смысла
Сотворено из звуков-нот
Как логогенерационный код
Суперпотенциала Жизни.

Божественным потенциалом
Отождествив Вселенский быт,
Высоконравственным началом
Всесильем жизненным вершит.

Усладным обольщеньем нежит,
Кипучей страстью оросит,
Лихим проклятием зарежет
И благодатью воскресит.

Оно ум делает послушным
И может ярость распалить,
Его воздействие на душу
Ни с чем немыслимо сравнить.

Могущество Господних истин,
Отождествляющее мысль,
Для тех, кто благородно искренен,
Являет мирозданный смысл.

Оно — Вселенское дыханье,
Способное судьбу проречь,
Основа миропониманья,
Являющая нашу речь.

Из звуков гласных и согласных
Слагается Вселенский ритм,
Что многоликостью контрастно
Творит духовный алгоритм.

Всегда не ведает изъяна
Высоконравственный контраст,
Всесильем жизненного сана
Оно разрушит и создаст.

Оно — Вселенский показатель,
Имеющий святой удел,
Могучий преобразователь
Физически-духовных дел.

Многообразьем воплощенья
Вершит величием идей
В среде контрастного общенья
Цивилизации людей.

Оно — духовный генератор
Потенциалов существа,
Логический структуризатор
Биосистемы естества.

Духовно-импульсивной вязью
Меняя жизненный настрой,
Оно гласит многообразье
Разнотональной частотой.

Оно — священное созданье,
Являющее вечный фон,
Свежо, как майское дыханье,
Меняя воплощенья тон.

Оно — духовности обитель,
Имея космогенный код,
Как смысловой определитель
Миротворящих дел и йот.

Оно бывает громогласно,
Чтобы пророчество изречь,
Возвышенно, хмельно, прекрасно
И сокрушительно, как меч.

Проникновенностью тирады
Психологической межи
Является основой Правды
И сутью лицемерной Лжи.

Энергоформенным созданьем
Горит Божественным Огнем,
Чтоб два разряда Мирозданья
Сливались гармонично в нем.

Оно произрастает в мире
Величием вселенских норм
И формируется в эфире
Из производных мыслеформ.

Являя чувственные грезы
В наружный мирозданный фон,
Бывает ароматом розы
И жалящим, как скорпион.

Вмиг распаляет или студит
Его проникновенный сказ,
Вас сделав, как нектар в сосуде,
Или потверже, чем алмаз.

Методикой преображенья
Меняет быта рубежи,
Как производность изложенья
Добра и зла, любви и лжи.

Живет, обыгранное всеми,
Великолепьем торжества —
Духовно взращенное семя
Божественного Естества.

* * *

Пока талантливость вершит
И образ мира создается,
Где дух божественных идей
Слагает мудрые тома, —
Есть окрыление души
Стремленьем, что сердцами бьется,
Добро в деяниях людей
И озарение ума!

ПОСВЯЩЕНИЕ КНИГЕ

О Книга — светоч дивных знаний
Высоконравственных вершин —
Благословеньем созиданий
Великой творческой души.

Гармонией проникновенной
Слагая мирозданный сказ,
Здесь выражение Вселенной
Глубинами премудрых фраз.

Пусть жизненная бесконечность
Взрастает духом на челе,
Являя истинную вечность
Святого Слова на Земле!

Франсуа Буше
«Брак Амура и Психеи». 1744 г.

ИСТОКИ ВЕЧНОСТИ

Александр Вольный
Наука Жизни

* * *

Благословением бессмертья
Душа обязана гореть!
Вы во Вселенской круговерти
Миры духовностью измерьте,
Чтоб ни на день, ни на столетья,
Летящие в блаженном свете,
А на всю Жизнь вперед смотреть!

* * *

Внемля Божественному слогу
Плеядами контрастных лет,
Вторя Вселенскому итогу,
Взойдет к Священному Чертогу
В преображениях планет —
Душа, стремящаяся к Богу,
Душа, летящая на Свет.

ВЕЧНАЯ ЛЮБОВЬ

Господней силой вдохновенной,
Священной далью голубой,
Две жизни радужной Вселенной —
Неповторимою судьбой.

Среди космического круга
Явилась истинная мысль:
Нашли нечаянно друг друга,
Огнем Божественным зажглись.

С благословением заветов
Пусть окрыляются умы
Любовью, что Вселенским Светом
Явила целостное «Мы».

Пусть от неистового пепла
Освобождаются сердца
Той верой, что духовно крепла
Благоволением Творца.

Как мировые половины,
Священный образуя нимб,
Мы лучезарно неделимы
Преображением своим.

Многообразием гармоний
Являя нравственный венец,
Мы — величавостью симфоний
Свободно дышащих сердец.

Стезей желаний сокровенных
Всепобеждающей мечтой
Создам я миллиард вселенных
Лишь за мгновение с тобой.

Благословеньем созиданья
Являя жизненный пролог,
Мы наполняем Мирозданье,
Рождая лучезарный слог.

Навеки мы с тобою вместе,
Взойдя к святому алтарю!
Из полыхающих созвездий
Я откровения творю.

Так пусть сонатою блаженной
Звучит чарующая новь,
Когда Божественной Вселенной
Соединяет нас Любовь!

* * *

Стезей гармоний совершенных
Всесильных жизненных основ
В твоем сознаньи —
     миллион вселенных,
В твоем дыханьи —
     миллиард миров.

* * *

Гармонией проникновенной
Животрепещущих вершин —
Лишь ты — душа моей Вселенной,
Вселенная моей души!

* * *

Являя священные темы
Души уникальностью плоти,
Мы — дети Вселенской системы
В бессмертном Господнем оплоте.
Блаженной стезёй вдохновенья
Идей с золотыми гербами
Бог дал нам всесилье творенья,
Чтоб в зле мы не стали рабами.

* * *

Блаженное соединенье
В исток Божественной семьи!
Духовностью миротворенья
Храни гармонию любви.
Пусть вся Вселенная являет
Величие священных уз
И чувственно благословляет
Высоконравственный союз
В мгновеньи, где бессмертным смыслом
Взрастает истина основ,
Чтоб паросток совместной жизни
Стал древом будущих родов
И в полыханьи сладострастья
Рождался лучезарный миг,
Когда Творец мечтою счастья
Венчает в Вечности двоих!

ТРАКТАТ О ЛЮБВИ

Пыланье чувственных пожаров,
Творящих Рай и жуткий ад,
Вкус упоительных нектаров,
Что перебраживают в яд.

Высоконравственная верность,
Измены леденящий душ,
Рождающая злую ревность,
Мучитель человечьих душ.

Таинственная быль и небыль,
Что сладострастна и хмельна,
Звезда, манящая на небо,
И пропасть, что не знает дна.

Стезя Божественных решений
Величием духовных дел,
Благоговеньем обольщений,
Объятиями пылких тел.

Благословенные морали,
Являющие вещий слог
Проникновением печали
В душевный чувственный чертог.

Космическое вдохновенье
Миротворящих перемен,
Обожествленное мгновенье,
Которое воспел Роден.

Пересечениями судеб —
Магическая акварель,
Она деяния рассудит,
Как гениальность — Рафаэль.

Премудростью духовных санов
О ней написаны тома,
Рождает пылких донжуанов,
Страстями их сводя с ума.

Великолепный обольститель,
Погрязший в похотных грехах,
Высоконравственный учитель,
Воспетый в благостных стихах.

Гармония духовной связи
Соединенных чувством тел,
Сплетением интрижной вязи
Лирически интимных дел.

Благонамеренная гостья,
Что увлекает за собой,
Навек подруга, до погоста,
Вселенской праведной судьбой.

Чредою сладостных свиданий —
Признаний искренняя речь,
Неутомимость ожиданий
За кратковременностью встреч.

Божественное откровенье
Вселенской истины веков,
Для сумасбродных — развлеченье,
И пагубность для бедняков.

Всесильем жизненной основы
Она — магический венец
Всесозидающего Слова
Благоговеющих сердец.

Она в Божественном оплоте
Целенаправленно вершит
Смятеньем чувств, влеченьем плоти
И окрылением души.

Благословением удела,
Великой мировой судьбой,
Во имя праведного дела
Заставит жертвовать собой.

В благонамеренной основе
Является духовный лик,
Взрастает на Вселенском Слове
Ее божественный язык.

Миротворенье апогея
Всевластия Господних уз,
Священной силой Гименея —
Духовно-жизненный союз.

Проникновенная истома
Душевных сладострастных мук,
Которая всегда искома
В порывах встреч, чреде разлук.

Она магически искусит,
Чтобы уверенно вершить
Контрастами духовных вкусов
Благоговеющей души.

Величием священной меры —
Она божественна сама,
Являясь вне различья веры,
Градаций возраста, ума.

Она преображеньем дышит,
Неутомимостью своей
Духовно окрыляя нищих
И просветляя ум царей.

Универсальностью слиянья
Энергетических веществ
Она — могуществом созданья
Космологических существ.

Она — магический астрал
Могучей силы космогенной,
Духовный сверхпотенциал
Формирования Вселенной.

Высоконравственная сила
Блаженства лучезарных муз,
Которая объединила
Душевно-жизненный союз.

Нося духовные одежды,
Благонамеренна она,
Стезями Веры и Надежды
Испита чувствами сполна.

Отождествляя скоротечность
И бесконечность для двоих,
Она ведет стезею в Вечность
Людей божественно святых.

Наполнив красотою слога
Метафизический эфир,
Она — святая сила Бога,
Организующая мир.

Благословеньем созиданья
Высоконравственных идей
Всесилье миропониманья
Вручает разуму людей.

Ее священное участье
Во всех космических мирах
Неповторимым светом счастья
В синергетических полях.

Она Божественным нюансом
Преображение дает
Универсальным резонансом
Энергетических частот.

Ее духовные структуры
Великолепием искусств
Роднят контрастные натуры
Всесилием блаженных чувств.

Она священно-всемогуща,
Проникновенна и мудра,
Господней Вечности присуща
Стезей душевного добра.

Преобладая вдохновенно
Гармонией вселенских строф,
Отождествляет сокровенно
Мечты божественных миров.

Она — формированье наций
Венцом святого торжества,
Движение цивилизаций
Божественного Естества.

Благословенная награда
Для жизнерадостных сердец,
Проникновенная отрада,
Бессмертья истинный творец.

Неповторимая культура,
Являющая Естество,
Волшебная стрела Амура
И Афродиты божество.

Мечта романтиков, поэтов —
Многообразьем светлых грез,
Всесилье праведных заветов,
Которыми вершил Христос.

Вселенский светоч первородный —
Миротвореньем на челе,
Благословенный дар Господний
Во имя Жизни на Земле.

СОДЕРЖАНИЕ

ПРЕДИСЛОВИЕ 7

АКСИОМЫ БЫТИЯ 11

МЕТАМОРФОЗЫ 41

О ДОБРЕ И ЗЛЕ 47

МИРОЗДАННАЯ БЫЛЬ 53

О ПРАВДЕ И ЛЖИ 61

О СЧАСТЬЕ И ГОРЕ 65

БОГАТСТВО И БЕДНОСТЬ 71

О МУДРОСТИ И ГЛУПОСТИ 77

О ЮНОСТИ И СТАРОСТИ 87

    Наука Жизни 88

О ЖИЗНИ И СМЕРТИ 93

О ДРУЖБЕ 99

ИЗОЩРЕННОСТЬ ВЫГОДЫ 105

    Воздаяние лживому 111

ЧЕРТОГ НИЗМЕННОСТИ 113

СУЩНОСТЬ ПРОТИВОРЕЧИЙ 117

АЛЬТЕРНАТИВА МИРОПОНИМАНИЯ 123

О ЦЕННОСТЯХ 131

    Нагорная проповедь 135

ЛИГА КОРЫСТИ 137

МАСКАРАД ЛИЦЕМЕРИЯ 143

    Льстец 145

    Лжец 146

    Предательство 147

ЖАЖДА ПЕРВЕНСТВА 151

ЛАБИРИНТЫ ИНТРИГ 155

БРАЗДЫ ПРАВЛЕНИЯ 161

КРИТЕРИЙ ИЗМЕНЧИВОСТИ 167

ЦЕНА ИЗМЕНЫ 173

АНТОЛОГИЯ КОНТРАСТОВ 177

    Кулуары души 180

АСПЕКТ ВОЗДАЯНИЯ 183

СУТЬ ВРЕМЕНИ 189

ПУТИ ПРОГРЕССА 195

ПРОБЛЕМА ГЕНИАЛЬНОСТИ 203

    Гению творчества 209

АПОКРИФ ДУХА 211

О ПРИРОДЕ БОЖЕСТВЕННОГО 223

ВЕЛИЧИЕ МИРА 251

    Луна 261

    Вода 263

    Мозг 267

ОДА МИРУ	269
АЗЫ ТВОРЕНИЯ	279
Трактат о Слове	280
Посвящение книге	285
ИСТОКИ ВЕЧНОСТИ	287
Вечная любовь	289
Трактат о любви	293

WWW.SVAROG.NL

www.ingramcontent.com/pod-product-compliance
Lightning Source LLC
Chambersburg PA
CBHW042357070526
44585CB00029B/2965